Eugen Drewermann / Herbert Haag

Laßt Euch die Freiheit nicht nehmen

D1873035

SERIE PIPER
Band 1898

Zu diesem Buch

Dieses Gespräch zwischen Eugen Drewermann und Herbert Haag über ihre Schwierigkeiten mit der Amtskirche ist – trotz allem – von Hoffnung getragen. Gemeinsam ist den beiden Theologen ihr unbeirrbarer Glaube an einen Weg der Freiheit für die Kirche; jeder kämpfte auf seine Weise dafür, die biblischen Texte aus dogmatischer Erstarrung zu befreien und den Menschen unserer Zeit verständlich zu machen. Dieses Buch ist ein Plädoyer zweier großer Theologen für eine veränderte Kirche.

Eugen Drewermann, geb. 1940 in Bergkamen. Priester und Psychotherapeut. Seit 1992 übt er freiwillig sein Priesteramt nicht mehr aus. Außerdem bei Piper: »Den eigenen Weg gehen« (1995).
Herbert Haag, geb. 1915 in Singen. War bis 1980 Professor für Altes Testament an der Kath.-Theologischen Fakultät der Universität Tübingen. Herausgeber des Bibellexikons.

Eugen Drewermann / Herbert Haag

Laßt Euch die Freiheit nicht nehmen

Für einen offenen Dialog in der Kirche

Herausgegeben von
Klara Obermüller

Piper
München Zürich

Von Eugen Drewermann liegen in der
Serie Piper außerdem vor:
Sind Propheten dieser Kirche ein Ärgernis?
(Zus. mit Felizitas von Schönborn) (1616)
Wort des Heils, Wort der Heilung
Band I (1622)
Band II (1623)
Band III (1624)
Zwischen Staub und Sternen (1625)

Von Herbert Haag liegt in der
Serie Piper außerdem vor:
Vor dem Bösen ratlos? (951)

ISBN 3-492-11898-4
August 1995
R. Piper GmbH & Co. KG, München
Lizenzausgabe mit Genehmigung
des Benziger Verlags, Zürich
© Benziger Verlag, Zürich 1993
Umschlag: Federico Luci
Satz: Benziger AG
Druck und Bindung: Clausen & Bosse, Leck
Printed in Germany

Inhalt

Vorwort 7

Einführung von Klara Obermüller 9

Das Kreuz mit der Kirche 17

Ein Dialog zwischen Herbert Haag
und Eugen Drewermann 19

Religiöse Sprachspiele helfen nicht weiter . 24

Die Unfehlbarkeit – eine Zumutung an
den denkenden Menschen 27

Die geistigen Neuerungen wurden
und werden blockiert 29

Verrat an der Botschaft Jesu 32

Zwischen Zölibat und Madonnenmystik . 42

Wir müßten die Theologensprache
entrümpeln 46

Rückbesinnung auf die Bibel 52

Leben zwischen Angst und Vertrauen . . . 54

Wir sind nicht reich genug:
eine zeitgemäße Auslegung der
wunderbaren Brotvermehrung 59

Das Geheimnis des Menschen mit Gott
läßt sich nur in Bildern erfassen 64

Christentum und Weltreligionen 71

Wir sind alle nur
auf dem Weg zur Wahrheit 76

Für die Freiheit in der Kirche 79

Laudatio zur Verleihung des Preises der
«Herbert Haag-Stiftung für Freiheit
in der Kirche» von Herbert Haag 81

Wann wird die Kirche endlich toleranter? . 84

Frei sein aus Gott 86

Ohne Propheten stirbt die Kirche 88

«Gott will keine Knechte» 91
Antwort von Eugen Drewermann 93

Biographische Notiz 125

Vorwort

Einführung von Klara Obermüller

Die Gegensätze könnten größer nicht sein: Herbert Haag, der Alttestamentler aus der Schweiz, ein gediegener älterer Herr, der sein immenses Wissen hinter freundlicher Skepsis verbirgt und von seinen überragenden Leistungen mit einem Understatement spricht, wie es nur ein Grandseigneur alter Schule beherrscht, und Eugen Drewermann, der Theologe und Psychotherapeut aus Deutschland, eine ganze Generation jünger und von einem charismatischen Impetus getrieben, der die Säle füllt und den Menschen unmittelbar zu Herzen geht. Die beiden auf einem Podium zusammen und miteinander ins Gespräch zu bringen, schien Frau Ruth Binde, verantwortlich für die literarische Veranstaltungsreihe «Bernhard-Littéraire» des Bernhard-Theaters in Zürich, so reizvoll, daß sie keine Mühe scheute, das Treffen möglich zu machen. Am 11. Mai 1992 war es dann soweit: Unter dem Thema «Das Kreuz mit der Kirche» diskutierten

Herbert Haag und Eugen Drewermann einen Abend lang miteinander über ihre Schwierigkeiten mit der bestehenden Amtskirche, aber auch über ihre Verbundenheit mit jener Gemeinschaft der Gläubigen, die auch und in einem viel tieferen Sinne Kirche ist, über ihr Verständnis der Heiligen Schrift, ihren Zugang zu den biblischen Texten, über Theologie und Verkündigung, die sie, jeder auf seine Weise, aus dogmatischer Erstarrung zu befreien und für die Menschen dieser Zeit fruchtbar und heilsam zu machen versuchen.

Dabei traten mehr Gemeinsamkeiten zutage, als die Unterschiede von Alter und Herkunft, von Ausbildung und wissenschaftlicher Ausrichtung, von Temperament und persönlicher Veranlagung ursprünglich hatten glauben machen wollen. Herbert Haag ist für die Generation katholischer Theologen, der Eugen Drewermann angehört, so etwas wie ein Vater und Wegbereiter gewesen. Ihm verdanken sie viel, nicht zuletzt die Befreiung aus einem fundamentalistischen Verständnis der biblischen Texte durch die Auseinandersetzung mit der historisch-kritischen Methode, wie sie in der protestantischen Theologie spätestens seit Rudolf Bultmann Anwendung gefunden hat.

«Nicht, was in der Bibel steht, ist entscheidend, sondern was die Bibel damit meint», hat Herbert Haag in seiner Autobiographie *«Mein Weg mit der Kirche»* geschrieben und damit ausgesprochen, worum es auch Drewermann bei seinem von der Psychoanalyse inspirierten Umgang mit biblischen Texten geht: zu verstehen, was die Bibel meint, die Bildersprache, derer sie sich bedient, hineinzutragen in die heutige Zeit, und sie so zu «übersetzen», daß die Menschen auch am Ende des 20. Jahrhunderts noch immer oder wieder neu von ihrer befreienden Botschaft ergriffen werden. Durch seine dogmatische Absage an den Begriff der Erbsünde – durch den *«Abschied vom Teufel»*, wie eines seiner bekanntesten Bücher benannt ist – hat Herbert Haag, um ein ganz konkretes Beispiel zu nennen, der katholischen Theologie den Weg gewiesen zu einem grundlegend neuen Verständnis von Schuld und Vergebung und zu jenem erlösenden Umgang mit der Angst, wie er gerade für das Wirken eines Eugen Drewermann bezeichnend geworden ist.

Für beide, Haag und Drewermann, steht der leidende, erlösungsbedürftige Mensch im Zentrum ihres theologischen Wirkens, und es ist dieser letztlich «seelsorgerische» Ansatz, der sie erkennen ließ, wie wichtig es ist, dogmatische Begriffe aus ihrer historischen Bedingtheit zu lösen und für ein gewandeltes Bewußtsein neu zu erschließen, weil nur so die Bibel das bleiben kann, was sie sein sollte: lebenspendender Geist und nicht toter Buchstabe. Beiden, Haag und Drewermann, hat das die sattsam bekannten Schwierigkeiten mit der Amtskirche eingetragen, für die jedes Abweichen von herkömmlichen Sprachspielen bereits ein Abweichen vom Fundament des katholischen Glaubens bedeutet. Daß es Theologen wie Haag und Drewermann gerade nicht um eine Zerstörung des Glaubens geht, sondern darum, ihn lebendig zu erhalten in einer Kirche, die nicht tote Institution, sondern lebendige und wie alles Leben sich wandelnde Gemeinschaft liebender Menschen sein sollte, vermögen jene nicht zu sehen, denen die Aufrechterhaltung eines starren Dogmengebäudes über die Hinwendung zu einer von Schuldgefühlen und Ängsten umgetriebenen Menschheit geht. Hierin liegt der Kern des Zerwürfnisses zwischen Theologen wie Haag und Drewermann und der römischen Amtskirche, und hierin liegt auch das Geheimnis ihres «Erfolgs» bei den Menschen, die leiden an einer Kirche, die auf die sie bedrängenden Fragen keine

Antwort mehr zu geben weiß, und wenn sie sie gibt, dann in einer Sprache, die diese Menschen schon längst nicht mehr erreicht.

Es ist die Stärke des Psychotherapeuten Eugen Drewermann, daß er weiß, worunter Menschen von heute leiden und warum sie mit einer Kirche, die ihnen einst Heimstatt gewesen war, nicht mehr zurechtkommen, und es ist sein Verdienst, daß er versucht, die Botschaft Christi so zu verkünden, daß sie mitten hinein in die Ängste der Menschen von heute spricht: so tröstend und so befreiend, wie es zur Zeit ihrer Entstehung vor 2000 Jahren gewesen sein mag.

In diesem pastoralen Anliegen finden sich Herbert Haag und Eugen Drewermann, ungeachtet aller methodischer und bisweilen auch theoretischer Unterschiede. «Ich kann mich der sich aufdrängenden Einsicht nicht mehr entziehen», hat Herbert Haag, Teilhard de Chardin zitierend, geschrieben, «daß der Augenblick gekommen ist, da das christliche Empfinden Christus aus den Händen der Kleriker ‹retten› muß, damit die Welt gerettet wird.» Und das gleiche mit anderen Worten sagt Drewermann, wenn er schreibt: «Wie Jeremia für den Untergang Jerusalems gebetet hat, so müssen wir für den Untergang der Institution Kirche beten, damit Gott möglichst bald anfangen kann, das, was er wirlich sagen möchte, in die Herzen der Menschen zu schreiben.»

Vertreter der Institution mögen Aussagen wie diese als Bedrohung empfinden und entsprechend gereizt und verständnislos darauf reagieren. Ganz anders verhält es sich mit den sogenannten einfachen Gläubigen. Sie haben längst begriffen, daß Theologen wie Haag oder Drewermann angetreten sind, ihnen die Botschaft der Bibel so zu verkünden, daß sie sie verstehen und für ihr Leben fruchtbar machen können. Wenn sie, wie dies im Zürcher Bernhard-Theater an jenem 11. Mai 1992 geschehen, die Säle bis auf den letzten Platz füllen und sich hinterher mit ihren Anliegen und Nöten um die Referenten drängen, dann ist dies das beste Zeichen dafür, daß es nicht die Menschen sind, die das Interesse an Kirche und Religion verloren haben – nicht mehr glauben wollen, wie kirchlicherseits so gerne behauptet wird –, sondern daß vielmehr die offiziellen Kirchenvertreter verlernt haben, so zu den Menschen zu sprechen, daß diese sich von ihnen angesprochen und in ihren Ängsten und Schwierigkeiten verstanden fühlen. «Ich glaube», hat Eugen Drewermann während des Gesprächs einmal gesagt, «wir müssen im Namen Jesu eine Sprache finden, die das, was Hoffnung und Befreiung von Angst sein kann, weltweit den Menschen vermittelt.»

Das hat Herbert Haag versucht, als er mit seiner Schrift *«Abschied vom Teufel»* den christlichen Teufelsglauben demontiert und aufgezeigt hat, daß das Leben des Menschen «nicht zwischen Gott und dem Teufel verläuft, sondern zwischen Sünde und Gnade» und daß die von Jesus von Nazareth verkündete «Neue Welt» nicht deshalb neu ist, weil sie «die Qual der Anfechtung, der Versuchung, der Verlassenheit von uns» nimmt, sondern weil sie «uns die Gewißheit der nie versagenden Treue des Herrn» zum Geschenk macht. Und das versucht auch Eugen Drewermann, wenn er in seinen Schriften und Reden eben gerade diese Qual der Anfechtung, der Versuchung und Verlassenheit ernst nimmt und den Menschen in das Dunkel ihres Daseins hinein von jener Liebe Gottes spricht, die seine Geschöpfe so annimmt, wie sie sind: so erbärmlich, so bedürftig und zugleich so voller Würde in ihrem Bemühen, das Leben zu meistern, das ihnen gegeben ist.

Herbert Haag und Eugen Drewermann können für sich in Anspruch nehmen, der Theologie zurückgegeben zu haben, was sie langsam, aber sicher zu verlieren im Begriffe ist: ein Reden von Gott, das die Menschen erreicht und ihnen das bringt, was sie so dringend brauchen – Trost.

Klara Obermüller

Das Kreuz mit der Kirche

Ein Dialog zwischen Herbert Haag und Eugen Drewermann

K.O.: Herbert Haag und Eugen Drewermann stellen gewissermaßen zwei Generationen katholischer Theologie im deutschsprachigen Raum dar. Der eine könnte theoretisch der Vater des anderen sein. Mit Sicherheit ist er auf die eine oder andere Weise sein Lehrmeister und Wegbereiter gewesen. Was die beiden verbindet oder allenfalls auch trennt, das wird im folgenden deutlich. Offene Gegnerschaft dürfen Sie indes nicht erwarten. Der beste Beweis: Der letzte Preisträger der von Herbert Haag ins Leben gerufenen Stiftung «Für Freiheit in der Kirche» heißt Eugen Drewermann. Sicher ist eins, und das verbindet die beiden: Beide haben sie es mit ihrer Kirche nicht leicht gehabt, leicht haben sie es ihr und leicht hat auch sie es ihnen nicht gemacht. Deswegen das Motto: Das Kreuz mit der Kirche.

Herr Professor Haag, Sie schauen auf ein langes und bewegtes Leben als katholischer Geistlicher und Theologe zurück. Sie haben etliche Päpste, wenn ich richtig gezählt habe, waren es sieben, kommen und wieder gehen sehen. Als das Zweite Vatikanische Konzil die verkrusteten Strukturen der katholischen Kirche aufzubrechen begann, da wechselten Sie gerade von der Fakultät in Luzern an die Universität Tübingen, wo Sie dann noch einmal zwanzig Jahre als Ordinarius für katholische Theologie das Alte Testament gelehrt haben. Vor einiger Zeit haben Sie in einer Radiosendung den Ausspruch getan: «Diese Kirche muß untergehen. Ich sage nicht *die* Kirche, ich sage *diese* Kirche.» Ist das das Fazit eines langen Theologenlebens in der katholischen Kirche?

H.H.: Ja, irgendwie schon, leider. Wir erleben heute, wie Sie wissen, die Kirche in einem Zustand tiefster Erniedrigung, und es schmerzt uns sehr, sie in diesem Zustand zu sehen. Es gibt heute sogar Buchtitel, die etwa lauten: «Kirche in Agonie», «Sterben der Kirche in den Seelen». Vor mehr als fünfzig Jahren hat Romano Guardini vom Erwachen der Kirche in den Seelen gesprochen, heute spricht man vom Sterben der Kirche in den Seelen. Freilich dürfen wir auch nicht zu pessimistisch sein. Es geht uns ja gerade darum, unseren Beitrag zu leisten zu einer neuen Kirche, auf die wir zustreben müssen.

Ich bin erzogen worden in einer katholischen Familie. Uns wurde ein großer Respekt vor der Kirche beigebracht, ein Respekt, den ich heute noch unvermindert habe. Freilich präsentierte sich die katholische Kirche damals als monolithisches Gebilde, in der es, soweit sichtbar, nur *eine* Meinung und nur *eine* Lehre gab, und die Unterscheidung zwischen Konservativen und Progressiven war noch völlig unbekannt. Selbst Theologen, die neue Wege zu beschreiten versuchten, kommen uns heute merkwürdig altertümlich vor. Kirchenkritik war – jedenfalls für «einfache» Gäubige – etwas Unbekanntes. Man hielt, was die Kirche tat und vorschrieb, für richtig, auch wenn es einem nicht immer leicht fiel, und man akzeptierte auch den Anspruch der Kirche auf die unfehlbare Wahrheit, die sie in Dogmen formuliert.

Nicht nur hierin denke ich heute anders. Mir ist auch immer deutlicher geworden, daß unsere Kirche sich viel zu wichtig nimmt. Es ist heute eine verbreitete Meinung in der katholischen Kirche und bei den sogenannten Frommen, die ganze Welt halte den Atem an, wenn der Papst das Wort ergreift. In Wirklichkeit interessieren sich nur ganz wenige Leute für das, was der Papst sagt. Zum einen ist nur ein Fünftel der Weltbevölkerung katholisch, aber selbst von diesem Fünftel fragen höchstens zehn Prozent nach der Meinung des Papstes.

K.O.: Aber für das, was sich in der Kirche tut, scheinen sich die Leute sehr wohl zu interessieren.

H.H.: Ja, das schon. Sie interessieren sich durchaus für das, was in der Kirche vorgeht, aber sie tun es nicht zuletzt deshalb, weil sie selber ihre Schwierigkeiten mit der Kirche haben. Dabei ist immer wieder die Klage zu hören, die Kirche sei viel zu sehr mit sich selbst und mit ihren internen Problemen beschäftigt.

K.O.: Herr Drewermann, auch Sie sind ja katholischer Priester, katholischer Theologe, wenngleich im Augenblick mit Predigt- und Lehrverbot belegt und als Priester suspendiert, daneben auch noch Psychoanalytiker, doch darauf werden wir noch zu sprechen kommen. Es gibt auch von Ihnen einen ähnlichen Ausspruch wie denjenigen, den Herbert Haag formuliert hat. Er lautet: «Wie Jeremia für den Untergang Jerusalems gebetet hat, so müssen wir für den

Untergang der Institution Kirche beten, damit Gott möglichst bald anfangen kann, das, was er wirklich sagen möchte, in die Herzen der Menschen zu schreiben.» Ich frage, welche Erfahrungen stehen hinter einem solchen Satz? Es ist ein bitterer Satz.

E.D.: Ich leide in der Tat seit Jugendjahren darunter, mit ansehen zu müssen, wie sehr die Kirche in ganzen Teilen die Botschaft Jesu verfälscht. Jesus kam – wie man weiß –, das Reich Gottes zu verkünden. Und er glaubte es zum Greifen nahe. Er wollte, daß wir die Welt betrachten lernen aus den Augen derer, die am meisten leiden. Er fand es unerträglich, daß im Namen Gottes Menschen unter die Räder kommen oder an den Rand abgeschoben werden. Er lehrte einen Gott wie zwischen Sonnenaufgang und Sonnenuntergang in seiner Güte. Und den sollten wir leben. Ich habe immer geglaubt, daß irgendwann, sozusagen hinter den Alpen, wenn ich nur hoch genug klettere und lange genug marschiere, die Kirche sich enthüllt. Wenn sich der Morgennebel lichtet, wird sie erscheinen, mindestens als eine Institution und Gemeinschaft, die sich bemüht, das auch zu tun, was Jesus wollte. Ich habe auf dem Weg dorthin eine

Menge in Kauf genommen. Ich habe gesehen, daß einen Theologen auszubilden, im Widerspruch zu den Worten Jesu, sehr viel Geld kostet: «Nehmt in die Dörfer Galiläas überhaupt nichts mit. Keinerlei Vorrat, keinerlei Schutz, keinerlei Verdoppelung der Ressourcen. Macht euch so arm, als es eben geht.» Die Kirche tut das nicht. Ich habe gesehen, daß Jesus unbedingt auf jede Form von äußerer Beeinflussung auf die Menschen durch Macht und Geld verzichtet hat. Heute treffe ich die Kirche in einem Zustand an, daß ihre eigenen Meßfühler eigentlich nur noch ausgelegt sind für Macht und Geld. Für religiöse Fragen – so habe ich es gerade die letzten fünf Jahre erlebt –, für Problemstellungen, die persönlich und menschlich bedrückend sein können, findet sich kein Gegenüber, das verantwortlich und verbindlich Fragen dieser Art diskutieren würde.

Religiöse Sprachspiele helfen nicht weiter

Und jetzt tut es mir einfach weh, mitzuerleben, was an Riß und an Problematik im Grunde durch jede Familie geht, die noch bemüht ist, die heranwachsenden Kinder religiös zu erziehen. In der Sprache, die die Theologen der Kirche den Gläubigen vorschreiben, abgesichert mit dem katholischen Lehramt, das teilhaftig ist des göttlichen Wissens und unfehlbar in der Nachfolge der Apostel, können die eigenen Eltern ihren Kindern nicht mehr sagen, was sie trägt, worauf sie hoffen. Sie können nicht mehr erklären, was ihnen hilft, trotz Verzweiflung und Ausweglosigkeit bewußt und positiv zu leben. In der Sprache des Kirchendeutschen läßt sich nicht einmal sagen, was wir denn meinen, wenn wir Jesus den Christus oder den Sohn Gottes oder den Messias nennen. In all den Formeln folgen wir Sprachspielen, die über 2000 Jahre alt sind, und die nur noch mit äußerer Macht und großem seelischen Druck der heranwachsenden Generation mindestens äußerlich bekanntzumachen sind. Sie lebt aber nicht darin. Spätestens bei den 12- und 14jährigen fragen sich die Eltern: Sollen wir jetzt unsere Kinder noch mit Macht, bloß weil Ostermorgen ist, in die Kirche pressen, oder glauben wir daran, daß Gott eigentlich durch sie selber redet. Und natürlich entscheiden sie sich, wenn sie die Kinder lieben, für die Freiheit. Aber es ist fast immer eine Entscheidung, die wegführt aus der Kirche, und für viele leider ist ja der Grad der Entfernung von der Kirche auch identisch mit dem der Entfernung vom religiösen Leben. Das müßte freilich nicht so sein. Es läßt mich hoffen, daß viele begreifen, ob katholisch oder evangelisch oder in irgendeiner anderen Gliedkirche Mitglied, daß nicht die Zugehörigkeit zur Kirche die entscheidende Frage ist.

In einer mich bewegenden Begegnung erzählte mir eine Frau, daß sie ihre Kinder nicht mehr in die Kirche führen kann:

«Ich selber lerne Gott kennen bei allem, was mir hilft, den heutigen Tag zu überstehen. Wenn ich spazieren gehe, wenn ich den Frühling sehe, wenn ich erlebe, wie die Natur sich regeneriert, ist das für mich etwas, das mein Herz beben und singen läßt. Und auch beten, obwohl ich es so nie gelernt habe.» Und dann sagte sie: «Als meine Tochter noch klein war, immer wenn wir noch zur Kirche gingen, ging sie im Anschluß an die Meßfeier auf das Kirchenmäuerchen und sprang mir von einem steinernen Löwen in die Arme. Wir spielten nach jeder Messe ‹Rehlein›, und ich bin sicher, bei diesem Rehleinspiel hat meine Tochter viel mehr gelernt vom lieben Gott als bei allen Predigten des Pastors.» Ich glaube, daß wir dabei sind, kollektiv diesen neuen Typ von Religiosität, der durch *Menschen* vermittelt wird, nicht durch Beamte, einzuüben.

Übersehen dürfen wir nicht die Krise der Kirche. Heinz Zahrnt hat recht: Wer betet, dein Reich komme, sagt auch, ob er das will oder nicht, vergehen möge diese Kirche.

Die Unfehlbarkeit – eine Zumutung an den denkenden Menschen

K.O.: Könnte man sagen, daß die Kirche als Institution insgesamt eine Art 2000jähriger Irrtum ist, oder hat es da irgendwann einmal eine Fehlentwicklung gegeben? Ist da etwas schief gelaufen? Oder noch einmal anders gefragt: Wäre es Jesus recht, daß es jemals eine Kirche gegeben hat? Falls man überhaupt so hypothetisch fragen kann.

H.H.: Darin sind sich heute wohl alle Theologen einig, daß Jesus von Nazareth keine Kirche gründen wollte.

K.O.: Wirklich alle? Auch die Bischöfe?

H.H.: Ja, auch die Bischöfe. Sie werden das freilich nicht zugeben. Leider gibt es heute in unserer Kirche zweierlei Theologien: eine für die Eingeweihten und eine für die Dummen. Die für die Eingeweihten wird an den Universitäten doziert, die für die Dummen wird auf den Kanzeln gepredigt. Das schafft eine unerträgliche Spannung innerhalb der Kirche und schadet natürlich auch ihrer Glaubwürdigkeit. Es würde zu weit führen, die ganzen Entwicklungsstufen, die die katholische Kirche durchlaufen hat, hier in Erinnerung zu rufen. Gesagt werden muß immerhin, daß die jetzigen Strukturen der Kirche äußerst fragwürdig sind. Sie gehen auf das Erste Vatikanische Konzil von 1870 zurück, das dem Papst die absolute Herrschaft und unbegrenzte Machtfülle über die ganze Kirche zusprach. Und das heißt, daß ein einziger Mann über nahezu eine Milliarde Menschen gebietet. Wir können darin nur eine Fehlkonstruktion sehen, die 1870 geschaffen wurde und an der auch das Zweite Vatikanische Konzil nicht gerüttelt hat, es sei denn in Ansätzen. Wenn ein Drittes Vatikanisches Konzil, nach dem heute immer häufiger gerufen wird, einen Sinn haben soll, dann müßte es die Strukturen der Kirche in Angriff nehmen.

E.D.: Ich denke zugleich auch an die Inhalte. Sie beschreiben die Theologen vollkommen richtig als doppelbödig. Warum akzeptiert man, daß Menschen, die man für eine Million Mark ausgebildet hat, ehe sie endlich Dozenten werden oder schließlich Promovenden, nur im Stande sind, das Wort Gottes lediglich für eine kleine Gruppe von Experten auszulegen, statt für die Gläubigen, die sie bezahlen und die darauf warten, daß sie irgend etwas Hilfreiches tun? Ich gebe ein Beispiel, das für mich als Jugendlicher einschneidend war und auch beschreiben kann, wie die Unfehlbarkeit der Kirche eine Zumutung an den denkenden und fühlenden Menschen ist.

Die geistigen Neuerungen wurden und werden blockiert

Wir haben 1956 in der Bundesrepublik Deutschland leidenschaftlich diskutiert über die Wiederbewaffnung. Ich glaube, es gab keine Frage, die moralisch kontroverser debattiert wurde und in höherer Verantwortung von großen Teilen der Bevölkerung aufgegriffen wurde, weit mehr als die Frage über die Abtreibung in diesen Tagen. Vor allem im protestantischen Raum hatte man begriffen, daß man im Atomzeitalter nicht einfach sagen kann, jeder, der 18 wird, muß Soldat werden. Einzig die katholische Kirche sagte damals – auf Weisung von Pius XII. – vom Papst herunter bis zu jedem Vikar am Ort: «Kein Katholik hat das Recht, sich auf sein Gewissen zu berufen und den Wehrdienst zu verweigern.»

Damals schickte man Jesuiten in den Deutschen Bundestag, um die Adenauerpolitik in diesem Punkte moralisch abzusegnen. Ich selber war damals Pazifist und habe mit 16 Jahren erfahren, daß es notwendig sein kann, dem Papst und der Kirche, die sich auf Gott berufen, zu widersprechen. Ich wußte nicht, ob es Gott gibt, aber wenn es ihn gibt, das glaubte ich zu wissen, wird er dagegen sein, daß Menschen das Töten gegen Menschen lernen. Sieben lange Jahre hat es dann gebraucht, bis 1963, beim Zweiten Vatikanum auch die katholischen Theologen übereinkamen, es gibt einen Friedensdienst ohne Waffe, und es gibt einen Friedensdienst mit der Waffe – es gibt nur eine dialektische Entscheidung in einer komplexen Problemlage. Was mich damals entsetzt hat und bis heute nicht verlassen hat, ist der Umstand, daß ab 1963 die katholischen Theologen genauso sprechen konnten wie die protestantischen Theologen zu früheren Zeiten. Es hatte sich sachlich nichts geändert: politisch nichts, sachlich nichts. Es war lediglich durch das Zweite Vatikanum Redefreiheit gegeben. Plötzlich sprachen all die Theologen, die über Jahre hinweg nicht den Mut gefunden hatten, ihre eigene Meinung zu sagen.

So geht das bis heute weiter Punkt für Punkt: Wiederverheiratung Geschiedener, was sie all die Zeit über hätten sagen müssen. Ich behaupte, die meisten Theologen wissen, was Hunderttausenden geschiedenen Ehen in Deutschland zugefügt wird. Doch der Papst bleibt bei seiner Meinung: Es ist kirchlicherseits verboten, noch einmal zu heiraten.

Oder Homosexualität als schwere Sünde: Ich weiß und glaube, daß die meisten Theologen sich klar sind, daß sie damit einer ganzen Bevölkerungsgruppe unrecht tun.

Oder empfängnisverhütende künstliche Mittel als Sünde: Das betrifft Millionen Frauen.

Oder Überbevölkerung in der Dritten Welt – noch kein bevölkerungspolitisches Problem: Das betrifft 50 Millionen Verhungernde.

Oder die ökologische Krise: In jeder Sekunde werden 2 km^2 tropischen Regenwalds verwüstet.

All das sind keine Probleme für eine Kirche, die sich unfehlbar gibt. Mit anderen Worten, seitdem die Kirche unfehlbar wurde, ist sie irreformierbar gegenüber den eigenen Fehlern geworden. Ich kann nur hinzufügen: Selbst das Erste Vatikanische Konzil hat ja eine lange Tradition, wenn wir begreifen, daß 450 Jahre lang die Reformation blockiert wurde, daß 200 Jahre Aufklärung blockiert wurde, daß 100 Jahre lang die freie Naturforschung blockiert wurde, daß seit Beginn des 20. Jahrhunderts der Modernismus blockiert wurde. Es gibt nicht eine einzige geistige Erneuerung seit dem Beginn der Neuzeit, seit dem Humanismus gegen die Kirche, wo die Kirche nicht ihr Veto eingelegt hätte.

Da ist eine Kirche, die bis 1965 noch den Index der verbotenen Bücher in Gebrauch hielt, wo so ziemlich alles draufstand, was sich lohnt zu lesen, und also unheilige Eide von ihren Amtsträgern abnahm, in keinem Punkte dem Lehramt zu widersprechen. Ich denke, das ist der Punkt, den ich in meinem Buch *«Kleriker. Psychogramm eines Ideals»* versucht habe zu beschreiben. Die Kirche hält sich eine Klientel in ihrer Beamtenschaft, die in völliger Identifikation mit der Amtsrolle zu leben hat, das aber ist die beste Definition für bürokratische Unmenschlichkeit.

Verrat an der Botschaft Jesu

K. O.: Das würde, wenn man das ein bißchen zusammenfaßt, eigentlich unter dem Strich bedeuten, daß die Kirche oder ihre einzelnen Mitglieder, die Theologen vom kleinen Pfarrer bis hinauf zum Bischof, Erzbischof, Kardinal oder Papst, eine ungeheure Schuld auf sich laden, daß sie ihre ureigenste Aufgabe eigentlich verfehlen, nämlich die, die Menschen zu Gott hinzuführen, die Menschen frei zu machen, den Menschen zu helfen.

E.D.: Das glaube ich ganz sicher, und ich schiebe die Schuld nicht nur den Bischöfen und Päpsten zu, sondern wesentlich den Theologen. Sie begreifen bis heute nicht, daß sie strukturell die ganze Art des Auftretens Jesu verraten, wenn sie aus Gott eine Auskunftei des dogmatischen Wissens machen. Das widerspricht der Gottesoffenbarung am brennenden Dornbusch in Exodus 3. Auf die Frage «Wer bist du?», die Moses an Jahwe richtet, lautet die Antwort: «Ich bin der, als der ich da sein werde.» Da ist eine Ableitung aus der Vergangenheit zur Bestimmung des göttlichen Wesens völlig unmöglich. Dieser Gott der Bibel ist für denjenigen ein Weg nach vorn, der die Angst überwindet, indem er sich auf ihn einläßt.

Jesus war nie Theologiedozent. Er hat sich im Gegenteil mit diesen Leuten auf Tod und Leben angelegt. Der ganzen Typologie nach war er unter Einsatz seiner gesamten Existenz prophetisch. Ein gesichertes Dasein in Ruhegehältern ist damit unvereinbar. Und auch eine Kirchenlehre, die sich darin wichtig tut, immer wieder eine Form des Herrschaftswissens zu verfolgen, das Menschen ausschließt, die nicht wortidentisch so reden, wie es womöglich im 5. oder 6. nachchristlichen Jahrhundert schon formuliert wurde.

Ich kann von mir nur sagen, diese Frage finde ich die allerschlimmste. Wenn man die alten Dinge auch nur versucht, ein bißchen neu zu sagen, wird die Antwort lauten: «Bist du noch katholisch?» Und das heißt: «Redest du identisch wie das Konzil in Konstantinopel im 6. Jahrhundert?» Ich möchte, daß wir endlich so reden dürfen, daß wir das Jahr 2010 gewinnen, wenn es keine tropischen Regenwälder gibt, aber 8,5 Milliarden Menschen, von denen 6 Milliarden Menschen dabei sind zu verhungern. Das ist es, was wir vor Gott und vor unserer Wirklichkeit verantworten müssen.

K.O.: Herr Haag, Sie haben in Ihrem Buch *Mein Weg mit der Kirche* – einer theologischen Autobiographie – ein Kapitel mit der Überschrift versehen «Im Spannungsfeld zwischen Gehorsam und Ehrlichkeit». Es ist das eigentlich die ganze Zeit angesprochen worden, daß Theologen generell – und Sie haben das offenbar gespürt – in diesem Spannungsfeld leben und daß sie dann irgendwo mal an den Punkt kommen, wo sie für sich entscheiden müssen, ob sie den Weg des Gehorsams – sprich des geringeren Widerstandes – oder den Weg der Ehrlichkeit, der intellektuellen Redlichkeit gehen wollen. Sie sind diesen zweiten Weg gegangen, und das hat Ihnen auch Schwierigkeiten eingebracht. Wie war das damals? Wie ist diese Entscheidung bei Ihnen abgelaufen, und wohin hat es Sie dann geführt? Was war der Kern des Dissenses und des Streits, den ja auch Sie gehabt haben mit der römischen Kirche?

H.H.: Ich habe vorhin schon gesagt, daß die Kirche in meiner Jugend ihr festes und unumstößliches Lehrgebäude besaß, und in dieser Hinsicht hat sich eigentlich bis heute kaum etwas geändert. Bei einer Äußerung, die Glaubensfragen betrifft, wird nicht geprüft, ob sie mit der Bibel übereinstimmt, sondern ob sie mit der herkömmlichen Lehre der Kirche übereinstimmt, mit dem Dogma der Kirche. Gerade das aber obliegt uns heute, die Lehre der Kirche an der Bibel zu messen, also zu fragen: wie weit stimmt sie mit der Bibel, wie weit stimmt sie vor allem mit dem Evangelium überein. Das letzte Konzil hat gefordert, die ganze Theologie müsse im Lichte der Bibel neu überdacht werden. Darin ist das Eingeständnis enthalten, daß nicht alles in der bisherigen Lehre der Kirche auf bester biblischer Grundlage stand.

Persönlich habe ich das vor allem in der Frage der *Erbsünde* erfahren, die mir einen zehnjährigen Prozeß mit der römischen Glaubensbehörde eingetragen hat. Es geht um die Lehre, daß alle Menschen heute noch leiden und mitschuldig sind an der Sünde Adams, an einer Sünde, die Adam einmal – sagen wir nach unserem heutigen Wissen vor vier Millionen Jahren – begangen haben soll. Erstens hat es ja diesen Adam als einzelnen ersten Mann nach unserem Wissensstand überhaupt nie gegeben, und zweitens ist die biblische Sündenfallgeschichte eine bildhafte Erzählung. Es geht ihr nicht um einen geschichtlichen Adam, um den geschichtlich ersten Menschen und um die geschichtlich erste Sünde. Vielmehr wird hier einfach gezeigt, wie der Mensch ist, wie er sich, vor die Entscheidung zwischen Gut und Böse gestellt, verhält. Wir dürfen eine solche Erzählung niemals buchstäblich verstehen und daraus ableiten, daß alle Menschen nun mit dieser Adamssünde behaftet auf die Welt kommen. Welch gräßliches Bild eines Gottes, der alle Menschen für alle Zeiten für eine Sünde bestraft, die ein Mensch am Anfang begangen haben soll.

K.O.: Das klingt ja durchaus einleuchtend. Trotzdem kommt es über solchen Fragen zu – wie Sie gesagt haben – zehnjährigen Prozessen, und bei Ihnen, Herr Drewermann, über ähnlichen Spitzfindigkeiten, wie der Tatsache etwa der Jungfrauengeburt oder der physischen Himmelfahrt Christi, des leeren Grabes und ähnlicher Dinge, kommt es zum totalen Zerwürfnis. Wie ist das möglich?

E.D.: Ich bin dankbar zu sagen, daß meine Arbeit, mein Bemühen im Grunde mit dem selben Problem verknüpft war: der Auslegung der Erbsündenlehre. Ich denke, das eine ist in der Tat sehr wichtig: Man muß begreifen, daß die Bibel an den zentralen Stellen nicht historische Informationen gibt, sondern Wesensbilder des menschlichen Lebens, indem sie bestimmte Aspekte des Daseins in symbolischer Gestalt verdichtet. Mir war aber dabei wichtig, und ich habe damals noch nicht begriffen, wieviel an

Kirchenunruhe und Beunruhigung darin liegen wird – daß man das ganze Sprechen von Sünde ein Stück ändert, gerade entlang der Erbsündenlehre. Die meisten, die von Sünde hören, haben vor Augen, daß es bestimmte Gebote gibt, die Gott erlassen hat oder die Kirche selber, und wer dagegen verstößt, sündigt eben. Und wenn sie von Erbsünde hören, haben sie diese Vorstellung, belastet zu sein, und zwar zu Unrecht, durch ein Tun anderer, für das sie gar nicht verantwortlich sind. Man begreift natürlich, daß es soziale Zusammenhänge geben mag, die Menschen verstricken können, aber das ist etwas anderes. In jedem Fall ist die Lehre von der Erbsünde in ihrer Wirkung darauf gerichtet gewesen, Menschen zwischen Mögen und Wollen zu zerteilen. Sünde: Das war soviel, wie eine französische Filmschauspielerin einmal sagte: «Alles, was Spaß macht, macht entweder dick oder es ist Sünde.» Das heißt, man täte dies und das ganz gerne, nur leider ist es aus Gründen, die wir nicht verstehen, verboten worden. Und dann kommt die Kirche und erklärt: Sünde im Kern, das ist Hochmut und Stolz oder böse Begierlichkeit. Dies bedeutet: die Menschen wollen sich aufrichten und ihren eigenen Willen geltend machen oder sie sind sexuell verführbar.

Und in diesen beiden Bereichen, in dem Streben, das eigene Ich zu entwickeln und die Liebe zu lernen, da gibt es bis heute die meisten Verwerfungen. Deshalb dachte ich: wenn wir diesen Kern nicht als erstes von der Bibel her, auch dann entsprechend von der Existenzphilosophie durcharbeiten und von der Psychoanalyse her, werden wir nicht weiterkommen. Ich habe dann versucht zu zeigen, daß *die* Art der Sündenlehre der Kirche sehr hilfreich sein kann, die ein Instrument des Verstehens statt des Verurteilens ist. Für mich sind die Bilder auf den ersten Seiten der Bibel außerordentlich dichte Beschreibungen über die Hilflosigkeit, über die Verzweiflung von Menschen, die alles richtig machen möchten und am Ende dennoch alles vertun. Die Menschen wollen nicht gegen Gott aufstehen, sie wollen auch nicht stolz und hochmütig sein. Aber Menschen, die der Angst ausgesetzt sind, tun am Ende nur Dinge, die sich gegen sie selber richten. Daraus habe ich zweierlei gelernt: Es ist nötig, um den Menschen zu befreien, sich auseinanderzusetzen mit der Alternative Angst oder Vertrauen; mithin, daß das gesamte Reden über Gott in die Seele des Menschen und in den Umgang miteinander verlagert werden muß. Viel wichtiger noch als die Frage

«Stimmt dies oder das noch mit der Bibel überein?» halte ich die Frage «Stimmt es mit dem menschlichen Leben überein?» – «Hilft es und heilt es?» Jesus hat den Menschen ins Auge geschaut, ins Herz geschaut, und dann hat er Worte gefunden, die gut taten und Bewegungen seiner Hände, seines Mundes gestaltet, die Menschen erlösen konnten von Aussatz, Blindheit oder Taubheit.

Und noch einen Schritt weiter: Es ist dringend notwendig, die Eigenart der biblischen Sprache im Symbolbegriff zu verdichten. Es ist ganz schlimm mitzuerleben, bis zu welchen Grenzen des abergläubischen Fundamentalismus die heutige Kirche, die Bischofskonferenz in der Bundesrepublik, der Erzbischof von Paderborn, der Vorsitzende der Glaubenskongregation in Rom die Gläubigen zwingen, Bilder des Glaubens so äußerlich dingfest zu machen wie ein leeres Wasserglas. Da wird Gott zu einem Gegenstand äußerer Erfahrung in Raum und Zeit gemacht. Das aber ist die Umschreibung für Aberglauben. Da glaubt man aus lauter Angst vor dem schwindenden Verlust der Gläubigen in der Kirche viel zu wenig, und das hat natürlich mit der Zweiklassentheologie zu tun, die Sie eben schon genannt haben. Da wird in den Seminarräumen etwas ganz anderes gesagt als auf der Kanzel, und der Bischof von Paderborn behauptete sogar in einem «Spiegel»-Interview im März 1992: Es ist eines, zum Beispiel über die Biologie der Jungfräulichkeit Mariens in den Hörsälen zu sprechen, und ein anderes, das vor Kirchengläubigen zu tun. Das ist nicht nur unredlich, das ist nicht nur Verrat an dem eigenen objektiven Wissen, über das wir heute verfügen, da setzt sich die Kirche in einem außengeleiteten autoritären Zwang zum Aberglauben und den eigenen Gläubigen entgegen. Das ist eine Sünde wider den Heiligen Geist in schlimmer Form.

H.H.: Dabei denke ich daran, wie mein Bischof mir mehrmals sagte, wenn ich wegen einer «aufregenden» Äußerung in einer Predigt oder einem Vortrag verklagt worden war: «Herr Professor, das können Sie Ihren Studenten im Hörsaal der Universität sagen, aber vor das Volk gehört das nicht.» Ich frage mich, wozu ich es den Studenten im Hörsaal der Universität sagen soll, wenn sie es nicht weitersagen dürfen. Soll ich sie anweisen: «Das bleibt ganz unter uns, sagt es ja niemandem weiter!», im Widerspruch zu Jesu Anweisung: «Was man euch ins

Ohr flüstert, das verkündet von den Dächern» (Mt 10,27).

Aber in diesem Zusammenhang eine Frage an Sie, Herr Drewermann: Sie haben vorhin das Thema Angst angesprochen, eines ihrer großen Themen, das Sie verdienterweise immer wieder aufgreifen. Glauben Sie, das Phänomen «Angst» sei innerhalb der Kirche größer als außerhalb der Kirche? Ist die Angst, sagen wir es einmal so, etwas typisch «Katholisches»?

Zwischen Zölibat und Madonnenmystik

E.D.: Ich bin sehr froh über die Frage, weil wir damit das Gebiet der Auseinandersetzung über die reale Verfaßtheit der Kirche verlassen können. Also eines der Dinge, die mich im Moment trösten, besteht darin, daß immer mehr Menschen begreifen, was für ihr persönliches Leben wesentlich ist. Dies kann nicht genehmigungspflichtig durch irgendeine kirchliche Behörde sein. Nachdem ich den Band über die *Kleriker* vorgelegt hatte, sagte mir ein spanischer Psychoanalytiker: «Wenn das losgeht, Herr Drewermann, ich sage es Ihnen jetzt schon: katholisch sein, das ist leicht, protestantisch sein, das ist nicht schwer. Aber Christ zu werden, das ist fast unmöglich.» Doch das sollten wir tun. Ich glaube, das hat zentral damit zu tun, daß Jesus wirklich keine institutionell geregelte Gruppennorm einrichten wollte. Er hat uns keine Regel übermittelt, die lautet: wenn jemand bestimmte Sprachspiele nachredet, die er seit Kindertagen gelernt hat, dann ist er ein Christ, ist er katholisch, und wenn er das nicht tut, ist er mindestens nicht mehr katholisch und vielleicht auch schon kein Christ mehr. Das ganze sind ja Unterscheidungen und Regelungen, die nur in einer autoritären Behörde funktionieren, die sich in der Tat durch Angstverbreitung erhält. Ich glaube, daß viele Ängste heute in der Bevölkerung vorhanden sind, weil das, was Religion sein sollte, zunehmend ausfällt. Ich glaube, daß die Funktion jeder Religion heute darin besteht, sozusagen Asylstätten in der Gesellschaft zu eröffnen, an denen als erstes den Menschen nicht die Frage vorgelegt wird: Was mußt du tun, um mit uns übereinzustimmen?, sondern: was geht in dir vor sich? Woran leidest du am meisten? Was ist deine Geschichte? Was sind deine Hoffnungen? Was ist der Zustand deines intensivsten Glücks? Daß man sich für den Menschen interessiert und ihm vorbehaltlos zugewandt ist, wird in einer Gesellschaft immer schwerer, die wesentlich den Menschen moralisch und leistungsmäßig bestimmt und damit in die Anonymität zurückdrücken möchte. Da gibt es Ängste, die die Kirche lindern müßte, wenn sie ihre Pflicht ernst nehmen würde. Und das Schlimme ist, daß Sigmund Freud vermutlich recht hat – mindestens in der Beschreibung dessen, was heute für katholisch gehalten werden muß –, als er darüber nachdachte, worin die Komplexbildung, die Angstverarbeitung von Menschen seit Kindertagen bestehe, wenn sie durch Institutionen ausbeutbar werde. Er kam auf die Theorie vom Ödipuskomplex und meinte, er gründe darin, daß eine starke Vaterautorität die Fähigkeit zur Liebe unterdrückt und das Verhältnis zwischen Mann und Frau in eine ständige moralische Ambivalenz zwischen Madonna und Hure bringt. Schauen Sie sich den gegenwärtigen Zustand der katholischen Kirche im Jahre 1992 an, und Sie haben einen nahezu klassischen Fall von kollektiven, ödipalen Strukturen vorliegen: eine Vaterautorität, die eine Beamtenschaft im Zölibat um das Glück der Liebe bringt und in der Madonnenmystik ständige Abspaltungen der Moral verursacht. Hinzu kommt der ständige Hinweis auf die Wichtigkeit der biologischen – man müßte noch viel stärker sagen – psychologischen Jungfräulichkeit Mariens. Wie man Mutter werden kann, ohne ein einziges, wirkliches sexuelles Gefühl zu haben, bleibt dabei ein Rätsel. Doch ich habe großes Vertrauen zu einer Jugend, die das allesamt für klar erkennbare Repression erklärt. Es ist meine Hoffnung, daß die junge Generation stark genug ist, sich nicht mehr einschüchtern zu lassen. Auch nicht mehr durch moralische Pressuren. Aber ich sehe voraus, daß die Entlastung der Über-Ich-Angst, die in der katholischen Kirche mir sehr stark eingefroren zu sein scheint, erkauft wird durch vermehrte Angst, ein Individuum zu werden. Und mein Hauptvorwurf an die Kirche ist – ganz im Sinne von Dostojewskis *«Großinquisitor»*, daß sie seit eh und je interessiert ist, die Individuation zu verhindern, indem sie die Angst, die es kostet, eine Person auszubilden, an die Institution bindet. Alle Fragen sind gelöst, wenn man weiß, daß es ein Lehramt gibt, das sagt: wenn du so lebst und handelst, bist du bis zum Jüngsten Tage vollkommen im Recht. Das ist ein garantierter Aberglaube. Aber darauf besteht heute die katholische Kirche sehr energisch, und da schafft sie Ängste, die die kirchliche Institution selber zu ihrem Selbsterhalt benötigt: ein Teufelskreis.

Wer aus diesem auszubrechen versucht, mobilisiert als allerserstes neue Ängste. Aber ich glaube, solche Ängste sind der Preis einer wachsenden Humanität in unserer Gesellschaft. Ich erlebe Gott sei Dank bei vielen Eltern heute, daß sie ihre Kinder notfalls sogar gegen die Kirche erziehen. Nach einem Vortrag in Wien kam eine Frau mit Tränen in den Augen zu mir und sagte: «Was halten Sie davon, ich streite dauernd mit meinem Mann. Unsere Kinder gehen alle nicht mehr in die Kirche, aber sie sind glückliche Kinder.» Und ich sagte: «Um Himmels willen, seien Sie eine glückliche Mutter, daß Sie das fertig gebracht haben, mitten in Wien, wo Freud vor 50 Jahren sagte: ‹Die Religiosität, die ich kennenlerne, ist eine einzige kollektive Zwangsneurose.›»

Wir müßten die Theologensprache entrümpeln

K.O.: Ist mein Eindruck richtig, daß es letztlich eigentlich nicht so sehr um verschiedene Wahrheiten geht, die die einen glauben, die anderen nicht mehr glauben, deswegen die einen katholisch sind und die anderen nicht katholisch sind usw., sondern daß es eigentlich – Sie haben, das glaube ich, schon mehrmals so zwischen den Zeilen angesprochen – auch um unterschiedlichen Sprachgebrauch geht. Ich bin der Meinung, daß man über gewisse Dinge so nicht mehr reden kann, daß aber die offizielle Kirche an diesen Formen festhält, weil sie ihr eine gewisse Sicherheit und auch Machterhalt garantieren.

H.H.: Wir haben in der Tat heute nicht *die* Kirche, vielmehr haben wir zwei Kirchen. Vielleicht sogar mehr als zwei. Aber mindestens zwei. Die eine ist die offizielle Kirche, wie Sie sie vorhin genannt haben – wir sprechen gerne von der Amtskirche. Die andere ist die Gemeinschaft der Gläubigen, die ja die eigentliche Kirche ist. Aber es sind zwei Kirchen, die völlig aneinander vorbeileben, vor allem deshalb, weil die Amtskirche eine Sprache spricht, die die Gläubigen nicht mehr verstehen. Sie kümmert sich – ich erwähnte es schon – um Probleme, die die Gläubigen nicht interessieren. Die päpstlichen Rundschreiben – die Enzykliken –, und die Hirtenbriefe der Bischöfe behandeln sehr oft Themen, die die Gläubigen in keiner Weise bewegen.

Somit haben wir zweierlei Kirchen, die auch

zweierlei Sprachen sprechen. Das ist mir in dem Fernsehgespräch sehr bewußt geworden, das Herr Drewermann mit Bischof Walter Kasper geführt hat. Da sprachen zwei Männer der Kirche zwei völlig verschiedene Sprachen. Die beiden Kirchen verstehen sich gegenseitig nicht mehr. Die Amtskirche versteht die Sprache der Gläubigen nicht mehr, und die Gläubigen verstehen die Sprache der Amtskirche nicht mehr, und auch nicht die der Schultheologen. Kürzlich schrieb ich in einer theologischen Fachzeitschrift einen Artikel, wohl einen meiner letzten, den ich mit der Frage schloß: «Könnten und sollten sich die Fachtheologen nicht ein bißchen mehr Mühe geben, eine Sprache zu sprechen, die auch der ‹einfache› Theologe, vielleicht sogar der ‹gewöhnliche› Christ versteht?»

E.D.: Ich fürchte allerdings, daß dabei die Theologen ihr Amt aufgeben müssen. Nicht nur weil der Papst oder der Erzbischof sie absetzt, sondern weil das ganze Machtgefälle in der Kirche damit zusammenbräche. Denn schauen Sie, solange wir beobachten, wie Theologen über Jesus reden, stellen sie lauter Fragen, die Jesus auf aramäisch oder hebräisch gar nicht hätte stellen können. Ich dächte, der Jude Jesus von Nazareth hätte mindestens ein Recht darauf, daß man ihn als den Christus so erklärt, daß er es hätte begreifen können. Aber es geschieht nicht in der kirchlichen Dogmenentwicklung, wir drücken uns da griechisch aus, in einer Fremdsprache für Jesus und ganz sicher in einer Fremdsprache für heutige Gläubige. Zwischen der Person Jesu und den Menschen heute sollten wir vermitteln, aber das tun wir nicht. Wir haben an jeder Stelle der reifenden Dogmengeschichte der Kirche ganze Menschengruppen ausgeschlossen. Wir haben dabei den Kirchenglauben homogenisiert in Sprachspielen, die man von oben nach unten fertig weitergeben kann. Wir haben uns nicht orientiert an der Erfahrung der Menschen. Das ist nicht heute erst so, das ist über Jahre, über Jahrhunderte so gewesen. Darum glaube ich, daß ein Wendepunkt der Kirchengeschichte in der Tat in der Reformation liegt, in der Glaubensspaltung im Abendland. Wir müßten 450 Jahre später die Punkte der Reformation radikalisieren, nicht nur, damit beide Konfessionen zusammenkämen, sondern damit wir gemeinsam der Sache Jesu wenigstens ein Stückchen tiefer verpflichtet werden könnten. Es genügt ja heute nicht mehr, auf der Wartburg sich hinzusetzen und die Bibel neu zu übersetzen. Wir müßten die gesamte Theologensprache entrümpeln. Wir müßten die Bindung an die Tradition, die uns als eine Zwangsvorschrift begegnet, endlich aufgeben und von den Fragen ausgehen, die die Menschen wirklich haben. Ein Mann wie der leidende Hiob, der lauter Fragen hat, auf die er keine Antwort weiß, wäre in unseren Tagen nicht denkbar. Es würde sich ein Possenspiel ereignen, nämlich daß seine theologischen Mitbrüder sich neben ihn setzen und ihm den lieben Gott erklären würden, jedoch mit dem Unterschied, sie würden nicht erst sechs Tage lang in Trauer und Solidarität warten wie in der Bibel, sondern damit beginnen, ihm zu beweisen, daß seine Verzweiflung sich vor Gott nicht gehört. Der leidende Hiob aber ist der Mann, der auf der Seite Gottes steht und zu dem sich Gott bekennt. Ich glaube, daß die Menschen heute – am Ende des zweiten Jahrtausends – genauso ratlos, genauso verwirrt, genauso leidend sind wie Hiob. Aber sie sind konfrontiert mit einer theologischen Beamtenschaft, die seit 2000 Jahren für jede beliebige Frage fertige Antworten hat und die sogar darin ihre Pflicht sieht, diese fertigen Antworten mit viel Druck, mit Gewissenszensur, mit Kirchenausschlußdrohungen von oben nach unten weiterzusagen. Das stellt das, was Jesus wollte, radikal auf den Kopf.

Für mich gibt es einen wichtigen anderen Punkt, den wir auch eben kurz berührt haben: das Programm des Martin Luther im Kampf gegen die Ablaßlehre. Seine Lehre besagte, daß man den Menschen die Angst nehmen muß. Es sollte *heute* Menschen und Gemeinschaften geben, die die Verzweiflungen und Hilflosigkeiten ernst nehmen. Man muß die Unfreiheit, in der sie gefangen sind, zunächst als Realität erkennen, ehe man von Gott hilfreich zu sprechen beginnt. Wir haben heute nicht mehr das Ablaßproblem, nicht einmal mehr das der Hölle, über das Sie sehr zu Recht geschrieben haben. Es ist nicht zu leugnen, daß der gesamte Strukturtyp von kirchlicher Religiosität in der Gefahr des Neurotisierenden und Krankmachenden steht. Erich Fromm hat das vor vielen Jahrzehnten einmal so ausgedrückt: «Jede Religion steht heute vor der Wahl, der entscheidenden Alternative: will sie weiter autoritär bleiben oder kann sie lernen, humanitär zu werden.» Psychoanalytisch ausgedrückt ist das dieselbe Frage, ob wir weiter Frömmigkeit als eine Über-Ich-Funktion verwalten wollen, wo alles seit Kindertagen fertig gestaltet ist und jetzt den Rest des Lebens eigentlich unbelehrbar so fortgesetzt wird, oder sehen wir in der Religion – ich glaube sehr im Sinne Jesu – eine befreiende Kraft, die aus der Personenmitte kommt – eine Ich-Funktion: in Freiheit, Offenheit, Phantasie, Kreativität. Wir können nachlesen, daß Jesus oft genug lieber ein heiliges Gesetz Israels übertritt als das Herz eines Menschen zu verletzen. Diese Freiheit, behaupte ich, hat die Kirche seit langem nicht mehr, und sie muß sie wiedergewinnen, entsprechend dem reformatorischen Programm, entsprechend all dem, was Jesus wollte. Die Kämpfe zwischen Schriftgelehrsamkeit und Prophetie – im Sinne des Neuen Testaments liegen nicht hinter uns. Alles kehrt wieder.

Rückbesinnung auf die Bibel

K.O.: Alle beziehen sich auf die gleiche Bibel, lesen die gleichen Schriften und kommen doch zu ganz verschiedenen Befunden. Wie erklären Sie sich das?

H.H.: Das hängt damit zusammen, daß sich Lehren und Traditionen an der Bibel vorbei entwickelt haben, die mit der Zeit mehr Gewicht bekommen haben als die Bibel selbst. Und ich habe das vorhin schon kurz gesagt: Wenn die Äußerung eines Theologen unter die Lupe genommen wird, dann wird nicht gefragt: Stimmt sie mit der Bibel überein? Vielmehr wird gefragt: Stimmt sie mit dem Dogma der Kirche überein? Stimmt sie mit der Tradition überein? Daran liegt es vor allem, daß wir diese Schwierigkeiten haben. Ich höre die gleichen Klagen übrigens auch von protestantischer Seite. Auch protestantische Theologen stellen fest, daß die Tradition allmählich mehr Gewicht bekommen hat als die Bibel selbst.

Somit müßten wir uns mit aller Sorgfalt und mit aller Konsequenz auf die Bibel zurückbesinnen. Ich habe versucht, dies am Thema Sexualmoral zu zeigen. Die herkömmliche katholische Sexualmoral ruht auf zwei Pfeilern: 1. Sexualität darf es nur in der Ehe geben, und 2. Diese Ehe ist unauflöslich. Auf diesen beiden Prinzipien steht das ganze Gebäude der katholischen Sexualmoral, wie sie der Papst auf seinen Reisen in aller Welt verkündigt. Beide Prinzipien aber lassen sich von der Bibel her nicht begründen. Somit stürzt das ganze Gebäude ein, wir stehen vor dem Nichts, aber auch vor der Aufgabe, eine ganz neue Sexualmoral aufzubauen.

K.O.: Man könnte es sich sehr einfach machen, wie die Evangelikalen oder fundamentalistisch Glaubenden, die die Bibel wörtlich nehmen. Das tun Sie nun beide nicht, beide nicht aus einem historisch-kritischen Ansatz und Sie, Herr Drewermann, überdies nicht, dadurch, daß Sie als Psychoanalytiker tiefenpsychologisch an die biblischen Texte herangegangen sind. Ich möchte nun darauf zu sprechen kommen, was das Besondere an diesem tiefenpsychologischen Zugang und der tiefenpsychologischen Interpretation der biblischen Texte ist. Es wird Ihnen vorgeworfen, für Sie sei die Bibel nur noch ein Märchenbuch. Ich weiß nicht, ob Sie das trifft, oder ob Sie das gut finden. Vielleicht ist es aber auch nur ein Mißverständnis?

Leben zwischen Angst und Vertrauen

E.D.: Ich glaube in der Tat nicht, daß wir einfach die Bibel nehmen können, um von daher das Leben neu zu gestalten. Aus der Lektüre des 5. oder 19. Kapitels des Matthäusevangeliums, wo jede Ehescheidung verboten wird – außer im Fall der Unzucht – können Sie die kirchliche Sexualmoral nicht kritisieren. Der Erzbischof von Paderborn beruft sich bei seinem traditionellen

Standpunkt tatsächlich auf eine klassische Stelle der Bibel, wenn er z. B. jede Eheschließung nach vorausgegangener Scheidung verbietet. Man kann das alles nachlesen in dem Band *«Worum es eigentlich geht»*. Es wird hier sehr deutlich, wie man aneinander vorbeireden kann. Es besteht ein wesentlicher Unterschied: Geht man rein legalistisch und unhistorisch von dem aus, was aufgeschrieben wurde, sozusagen fundamentalistisch, oder geht man von der Lebenserfahrung aus und versucht, von daher einen Zugang zu gewinnen zu dem, was gemeint sein könnte in der Schrift. Ich habe mich all die Jahre über bemüht – 25 Priesterjahre – die Bibel vom Leben her für das Leben auszulegen. Wenn man einem anderen Menschen auch nur einmal eine halbe Stunde sorgfältig zuhört, so daß er seine Gefühle, seine Probleme, seine Erwartungen an das Leben schildern kann, entstehen Strukturen, Bilder, Beispiele, Träume, Szenarien, die Erinnerungen an das wachrufen, was einem auch von der Bibel her bekannt vorkommt. Menschen, die ihr Leben erzählen und eigentlich die Bibel gar nicht kennen, tragen für mich seit vielen Jahren dazu bei, dem Sinn nach zu verstehen, was Jesus gewollt hat. Zum Beispiel als Jesus einem Mann in der Synagoge von Kafarnaum, der, in sich verkrümmt, gelähmt unter den Augen des Schriftgelehrten sitzt, sagt: «Steh auf!» Jemand gewinnt den Mut, gegen die Zensur aller umstehenden Interessen – all der Anwärter der herrschenden religiös legitimierten Macht –, seine Person zu leben. Jesus spricht dem Mann Mut zu – sei es auch am Sabbat –, einen Schritt vor den anderen zu setzen. Was das bedeuten kann, erklären mir Leute, die sich diese Frage stellen, wie geht es jetzt mit unserer Ehe weiter oder, wie erziehe ich meine Kinder oder, was sage ich meinem Chef, wenn ich deutlich spüre, er macht etwas falsch, das ich moralisch nicht mehr mittragen kann. Aber ich verliere vielleicht meinen Arbeitsplatz. Immer wieder tauchen dieselben Fragestellungen auf, und deshalb möchte ich vor allem auf dem Hintergrund der Alternative zwischen Angst und Vertrauen, zwischen Anpassung und Personwerdung, zwischen dem Ausweichen vor konkreten Problemen nach rückwärts oder der Überwindung der Schwierigkeiten nach vorwärts von den Menschen lernen und von dem Mut, den sie in ihr Leben bringen. An jeder dieser Stellen hilft mir das, Jesus besser zu verstehen, und umgekehrt kann ich dann deutlicher sagen, was damit gemeint ist. Das Problem haben wir nur in der Kirche, daß wir sozusagen Jesus das eigene Wort weggenommen haben. Jesus wollte kein Buch schreiben, sonst hätte er das getan; er hätte uns damit alle philologischen und exegetischen Probleme in zwei Nachmittagen vom Halse halten können, wenn er auch nur einmal die Bergpredigt aufgeschrieben hätte. Das hat er bewußt nicht getan, so wenig wie Sokrates oder wie Laotse dies getan haben. Alle diese Großen glaubten: ein religiöses Wort lebt, wenn es geschrieben wird, überhaupt nicht, man muß es zwischen den Menschen weitersagen. Das kann dann philologisch vielleicht ganz falsch sein oder überhaupt nie gesagt sein, es trifft aber ins Herz, und dann stimmt es. Und so meinte ich das mit den Märchen. Ich wollte überhaupt nicht sagen, daß die Bibel ein Märchenbuch sei. Sie enthält – ganz im Gegenteil – unter einem Dutzend verschiedener Erzählgattungen nur wenige Beispiele der Erzählform Märchen. Die Bibel ist an Religion interessiert, das Märchen im Grunde nicht, so wenig wie die Sage. Aber für sehr wichtig halte ich, daß unsere Theologen, unsere Prediger, überhaupt wir alle in unserer Kultur lernen, mindestens die Sprache der Märchen wieder zu verstehen, unsere eigenen Träume zu deuten. Ich finde es grotesk, daß

Menschen, die wissen, wie stark die Bibel an Symbole gebunden redet, wie stark Jesus selber als Dichter in seinen Gleichnissen aufgetreten ist, um von Gott zu sprechen, außerstande sind, nur den Traum der vergangenen Nacht oder auch nur den eigenen Alptraum auszulegen. Sie wagen jedoch zu behaupten, daß sie imstande wären, das Wort Gottes in der Bibel – voller Symbole, traumnahen Erfahrungen, märchenhaften Szenarien – an die Menschen weiterzugeben. Um ein ganz kleines Beispiel zu geben: Wenn wir Jesus den Messias und den Sohn Gottes nennen, sprechen wir die Sprache der Königsideologie oder Theologie des alten Orientes. Wenn wir sagen: «König» oder «Messiaskönig» wissen wir, daß wir dabei eine Vokabel benutzen, die seit 200 Jahren eigentlich aus der politischen Kultur verschwunden ist oder sogar gefährlich werden kann. Um den Jugendlichen klar zu machen, was ein König ist, können wir nicht mehr die Geschichtsbücher aufschlagen. Um Jesus zu verstehen, der gegen jedes Königtum im Grunde durch seinen Machtwiderstand provokativ aufgestanden ist, müßten wir wirklich zu den Märchen heute gehen. Da tauchen Könige auf, die imstande sind, weil ein Mann eine Frau liebt, aus einer armen Müllerstochter eine Prinzessin zu zaubern. Wer das nicht als menschlichen Vorgang begreift, der wird nie verstehen, wieso Jesus auf die Idee kam, ein Königreich der Liebe zu lehren: gewaltfrei, ohne jede Herrschermacht, aber gütig und heilsam, so daß die Stirn der Menschen die Sterne streift, während sie noch im Staube stehen. Das sind großartige Visionen. Ich sage nicht, das alles ist ein Märchen. Aber ich sage mit Reinhold Schneider, das Märchen ist eine Kunde von der Gnade, und wer das nicht begreift, der begreift die Bibel überhaupt nicht. Es ist sozusagen die Ouvertüre vom Verstehen alles Folgenden; die ganze Oper danach kommt noch.

Wir sind nicht reich genug: eine zeitgemäße Auslegung der wunderbaren Brotvermehrung

K.O.: Wir haben vorhin über den tiefenpsychologischen Zugang zu den biblischen Texten gesprochen. Existiert heute nicht ein Streit darüber, daß die einen behaupten, es sind nur Symbole und Bilder, und die anderen meinen, es ist eben mehr?

E.D.: Sie können in meinem Buch: «*Worum es eigentlich geht*» nachlesen, wie wir zu vier

Theologen, den Erzbischof jetzt mitgezählt, – er hat bei Herrn Schnackenburg in Exegese, wohlgemerkt, neutestamentlicher Exegese, promoviert – eine dreiviertel Stunde nicht nur über das leere Grab diskutierten, ob es physisch leer war wie eine Kirche sozusagen am Samstagmorgen, sondern ob der Schoß der Jungfrau Maria biologisch eine Tatsache ist, unvereinbar damit, daß Markus im 6. Kapitel seines Evangeliums eine Reihe von Brüdern und Schwestern aufzählt. Wir haben debattiert, ob Jesus das Wunder der Brotvermehrung, das gleich zweimal im 6. und 8. Kapitel des Markus-Evangeliums aufgeführt wird, gewirkt hat. Ich gebe den Konflikt gerne wieder, weil er zeigt, wie irrsinnig das Lehramt selber unter Kirchenausschlußdrohung heute die Bibel auslegt. Ich denke, daß wir, Herr Haag, keine Schwierigkeiten haben werden, daß diese beiden Geschichten von der wunderbaren Brotvermehrung im Grunde Midrasch-artige Erzählungen zum Alten Testament sind. Elias, Elisäus, Moses sind hier die Vorbildgestalten, die auf Jesus übertragen werden. Das dachte ich meinem Bischof erklären zu können. Dessen Frage war aber: «Wenn Jesus Gottes Sohn war, konnte der das doch. Leugnen Sie das oder nicht?» Dann sagte ich: «Wenn Jesus Brote vermehren kann und Wunder dieser Art tun kann, erwarte ich hochnotpeinlich von seinem Vater im Himmel, daß er 50 Millionen Menschen heute speist. Wenn er es kann und es nicht tut, macht er sich schuldig des millionenfachen, fahrlässigen Tötens von Menschen.» So also kann das nicht gemeint sein. Jetzt aber im Ernst: Ich glaube, daß Jesus das Wunder der Brotvermehrung gewirkt hat, nur anders als Sie es wollen. Die Geschichte erzählt nicht, wie Jesus im äußeren Sinne irgendeinen Gegenstand vervielfältigt hat, sondern wenn man genau liest, fragt Jesus als erstes die Jünger: «Was habt ihr in den Händen?» Und sie sagen: «Viel zu wenig. Fünf Brote.» Seitdem ich denke – seit dem 15./16. Lebensjahr –, frage ich die Kirche, frage ich die Menschen der Gesellschaft: Was tut Ihr in Anbetracht der Not in den Ländern der sogenannten Dritten Welt? Und immer höre ich zur Antwort: Wir sind nicht reich genug. Wir haben nur fünf Brote in der Hand. Wir sind als Kirche ja nur imstande, Geld auszugeben, wenn wir zunächst Geld einnehmen. Und wenn wir Geld eingenommen haben, müssen wir Kirchen reparieren, müssen wir Gehälter zahlen, müssen wir vieles tun, und ich lerne aus all dem, daß die Menschen, die in dieser Welt der Not imstande sind, Geld zu verdienen, völlig außerstande sind, es später abzugeben. *Das* erzählt die Geschichte. Sie erzählt, daß irgendwo ein Kind aufgetrieben wird, das viel zu wenig zum Lindern der Not besitzt. Es ist im übrigen der einzige Mensch der Erzählung, der etwas Eßbares mitgebracht hat. Aus den Händen dieses Kindes geschieht das Wunder, indem Menschen bereit sind, das herzugeben, was sie haben. Und solche Wunder sehe ich jeden Tag. Ich sehe, daß Frauen Kinder erziehen, die sie längst überfordern. Ich sehe, daß Seelsorger mit Menschen umgehen, die ihnen die Nerven rauben. Ich sehe, daß Menschen in Verantwortung eintreten, die ihnen die Nächte stehlen. Ich sehe dauernd Menschen, die Dinge in Verantwortungszusammenhängen tun, die sie gar nicht tragen können. Sie probieren das trotzdem, weil sie sich als Erwachsene abgewöhnen zu kalkulieren, was dabei herauskommt. Dieses Wunder hat Jesus immer wieder gewirkt. Wenn Sie aber verlangen, daß er auf dem Berge saß und das Wunder der Brotvermehrung fotografierbar gewesen sei, dann sage ich: Das hat er nie getan. Aber das war sein ganzes Leben. In dieser Weise ist die Bibel, wenn Sie so wollen, eine Art Legenden- oder Märchenbuch. Sie erzählt lauter Geschichten, die beschreiben, wie Jesus wirkt, wenn wir ihn an uns heranlassen. Aber der Unterschied ist der, daß der Erzbischof von Paderborn ein Wunder vor 2000 Jahren sucht, um zu erklären, daß Jesus ein großer Mann war. Wir aber können das heute nicht und brauchen es auch nicht zu tun. Wir sind nicht die Söhne Gottes – nur die Kinder Gottes, und die müssen erst einmal Geld verdienen, damit sie es ausgeben. Die Wunder, die Jesus wirkte, sind in Wirklichkeit in der Zukunft zu suchen. Er wollte, daß wir aufhören, vor ihm auf den Knien zu liegen, er wollte, daß wir in seinem Namen uns auf die Socken machen. Das sind die Wunder Jesu.

K.O.: Sehen Sie das auch so, Herr Haag?

H.H.: Ich möchte Herrn Drewermann fragen: Würden Sie zustimmen, daß die Wunder Jesu ein Geschehen wiedergeben, das sich nie so ereignet hat und sich täglich ereignet? Kann man das so sagen?

E.D.: Es ereignet sich nicht anders als all das, was wunderbar geschieht, wenn Menschen Angst überwinden und Dinge tun, die scheinbar ganz unmöglich sind. Sie leisten auf Gewalt nicht die Antwort der Gegengewalt, sie sind großzügig mitten in der eigenen Daseinsnot, sie setzen Vertrauen, selbst wenn sie belogen werden, sie unterwandern die Macht, indem sie sich den Teufel darum scheren, was die Mächtigen wollen – das sind die Wunder Gottes. Sie richten Menschen bis in die Psychosomatik hinein auf. Und dann glaube ich zeigen zu können, daß der Radius der Wundererzählungen, wenn sie überhaupt historischen Anspruch machen, sich beschränken auf den Kreis der Psychoneurose, der von Freud bereits als Konversionshysterie beschrieben wurde. Das läßt sich nicht im Sinne der Durchbrechung von Naturgesetzen als Wunder, sondern als Aufrichtung von Menschen gegen Angst interpretieren. Und so verstehe ich, warum Jesus immer wieder sagen kann: «Dein Vertrauen hat Dir geholfen. Geh hin, Tochter». Zum Beispiel im fünften Kapitel des Markusevangeliums: eine Frau kommt nach 12 Jahren Blutfluß wie ein scheues Tier zu Jesus, nur um sein Gewand zu berühren, und sie wird geheilt. Solche Wunder halte ich historisch für möglich.

Das Geheimnis des Menschen mit Gott läßt sich nur in Bildern erfassen

K.O.: Hat Ihnen dieser eben mehr von der Tiefenpsychologie her kommende Umgang mit den biblischen Texten – Sie haben sich ja Jahrzehnte vorher bereits mit diesen Fragen auseinandergesetzt – etwas zusätzliches Neues gebracht, oder haben Sie für sich diese Fragen bereits früher gelöst?

H.H.: Was Herr Drewermann in seinen Schriften entfaltet, ist für mich eine große Bereicherung. Aber alles hat nun einmal seine Zeit. Meine theologische und biblische Ausbildung fiel in eine Zeit, in der die kritische Bibelarbeit in der katholischen Kirche noch verpönt war. Die Bibel wurde geradezu fundamentalistisch verstanden. Vor allem schenkte man der literarischen Gattung der einzelnen Texte keine Beachtung. Zum Beispiel schrieb eine römische Entscheidung aus dem Jahr 1909 vor, die biblische Erzählung historisch zu verstehen, wonach die erste Frau vom ersten Mann abstammt. Damit war zugleich die Evolutionslehre verurteilt. Denn es wäre ja absurd anzunehmen, die Evolution sei nur in einem Geschlecht vor sich gegangen. Auch wenn über die menschliche Stammesgeschichte bis heute nicht das letzte Wort gesprochen ist, so war doch schon zu Beginn des Jahrhunderts die Evolution eine gesicherte Tatsache. Aber die katholische Kirche hat sich seit Galilei mit den Erkenntnissen der Naturwissenschaften schwergetan.

Damit hängt auch zusammen, daß ich noch 1942 ein ganzes Kapitel meiner Dissertation nicht drucken lassen durfte, weil es Entscheidungen des kirchlichen Lehramtes aus den Jahren 1906 bis 1909 widersprach. Man versteht, daß wir das Bibelrundschreiben Papst Pius' XII. «Divino afflante Spiritu» von 1943 als wahre Erlösung empfanden, das die Anwendung der historisch-kritischen Methode nicht nur billigte, sondern förmlich vorschrieb. Auch wenn die Bibel Gottes Wort darstellt, wurde sie doch von Menschen unter bestimmten geschichtlichen Umständen geschrieben. Diese Umstände gilt es zu kennen und zu berücksichtigen, will man die Bibel sinngemäß verstehen. Bei jedem Text ist somit zu fragen, wann er geschrieben wurde, wer sein Verfasser war, über welche Bildung dieser verfügte, in welchem Milieu er lebte, in welchen Denkformen er dachte, auf welche Fragen er antworten wollte. Dieses letzte ist besonders wichtig. Wir dürfen nie in der Bibel Antwort auf Fragen suchen, die der biblische Mensch gar nicht kannte. Zwar haben wir mit der Bibel wichtige Fragestellungen gemeinsam, denken wir etwa an die Bereiche Liebe, Leid und Tod. Wir haben aber auch neue Fragestellungen, für die uns die Bibel nur einen Rahmen absteckt, den wir selbst für unsere heutige Situation konkretisieren müssen. Das gilt zum Beispiel wieder für den Bereich der Sexualität. Kurzum: Die historisch-kritische Methode ermöglicht uns, der geschichtlichen und kulturellen Bedingtheit der Bibel die gebührende Beachtung zu schenken.

Insofern war ihre Anerkennung in der katholischen Kirche ein gewaltiger Fortschritt. Aber wir haben wohl den Fehler begangen, daß wir dabei stehengeblieben sind. Das ist ja die Kritik, die Herr Drewermann da und dort geäußert hat. Ein Fortschritt ruft nach einem weiteren. So mag der historisch-kritischen Methode vorgeworfen werden, sie stoße nicht bis zum Letzten des Menschen vor. Daß uns Herr Drewermann hier weitergeführt hat, dafür können wir ihm nur danken. Sein Verdienst ist es, uns über die historische Betrachtungsweise der biblischen Texte hinausgeführt zu haben. Er hat das menschliche Element in den Mittelpunkt seines Denkens gerückt.

E.D.: Ich greife das gerne auf, weil ich denke, es ist wirklich ein Generationenverhältnis, und ich bin sehr dankbar und froh, daß Sie das so beschreiben. Ich glaube, daß das Problem, das Ihre Generation hinterlassen hat, ohne es wirklich zu sehen, die Konsequenz der historischen Ehrlichkeit ist. Die katholische Kirche hat ja nicht umsonst 150 Jahre lang, spätestens seit 1840, die historische Kritik der Bibel unter Verbot gestellt und nur nach äußerstem Zögern, als es wirklich gar nicht mehr anders ging, zugelassen. Das Problem liegt darin, daß wir erkennen müssen, wie oft die Bibel in Bildern redet, und zwar an den zentralen Stellen: ob das Weihnachten, Ostern, Pfingsten, Fronleichnam ist, wann auch immer, wir verfügen nicht über historische Dokumente. Wir wissen auf die Stunde genau, wann Nebukadnezar Jerusalem verbrannt hat. Aber wie das mit der Auferstehung Jesu war, wissen wir eben in der Art so nicht. Es sind vollkommen verschiedene Ebenen der Wirklichkeit, auf denen das spielt. Wenn wir sagen, daß die Weihnachtserzählung eine Legende oder die Geschichte vom leeren Grab im sechzehnten Kapitel des Markus Evangeliums eine Apologetik des Auferstehungsglaubens ist, dann assoziieren damit die meisten der Zuhörer, daß der Text so nicht stimmt. Das Problem ist, daß wir den Glauben auf Texte mit historischem Anspruch gründen, ohne daß es einen solchen historischen Grund in Raum und Zeit dingfest zu machen gibt. Also ist die Notwendigkeit gesetzt, daß wir als erstes rechtfertigen, wieso wir in der Religion, nicht nur im Christentum, sondern weltweit in den Mythen, Legenden, Sagen, Märchen, in den traumhaften Erzählungen, Wunderberichten, apokalyptischen Visionen versuchen, das Geheimnis des Menschen im Umgang mit Gott oder das Geheimnis Gottes im Umgang mit den Menschen augenfällig zu machen. Ehe wir das nicht gerechtfertigt haben, ehe wir nicht vom Menschen her zeigen, welche Sprachformen er braucht, um sich so mitzuteilen, daß von Gott die Rede sein kann, läßt sich das Problem, das die historische Kritik notwendig stellen muß – bei ehrlicher Erforschung der Bibel – nicht lösen. Und deswegen wollte ich auf dem Wege der Tiefenpsychologie zeigen: Legenden sind nicht unwahre Geschichten. Sie entfernen sich von der Historie, aber um einer Wahrheit willen, die dringend nötig ist. Ich habe das wieder versucht, meinem Paderborner Erzbischof in einem Bild zu sagen, das er mir später dann zum Vorwurf machte. Man hat Pablo Picasso einmal gefragt: «Ist denn Deine Art, die Menschen kubistisch zu malen, nicht eine Verformung der Wirklichkeit, warum tust Du das?» Picasso sagte: «Kein Mensch hat je behauptet, daß die Kunst die Wahrheit ist. Die

Kunst ist die Lüge. Aber eine Art von Lüge, die uns hilft, die Wahrheit zu verstehen. Jedenfalls die einzige Wahrheit, die wir überhaupt verstehen können.» Er wollte sagen, wenn ich *Guernica* male, dann wissen wir historisch genau, an welchem Tag, in welcher Stunde, die Legion Condor das Baskendorf vernichtet hat. Aber das Bild, das Sie vor sich sehen, gibt keinerlei historische Informationen mehr über Guernica. Da sehen Sie den Krieg, der wie eine Fackel in die Häuser der Menschen getragen wird. Da sehen Sie das nackte Grauen in der Fratze eines Stiergehörns durch die Wände brechen. Da sehen Sie auch emporgereckte Arme, verstümmelte Menschenleiber, geöffnete Münder. Und jetzt ist die Frage: Was malt Picasso denn da? Er malt Guernica, aber er malt nicht Guernica. Er malt das Grauen, das Menschen empfinden, wenn Krieg ist, und das ist wichtig. Wer sich interessiert für das historische Guernica, wird nicht aufstehen und sagen: Der Golfkrieg ist ein Verbrechen. In einem Krieg können immer wieder Hunderttausende von Menschen getötet werden. Das wirkliche Guernica aber ist immer, wenn Präsidenten wie George Bush kommen und erklären, dieser Krieg wird geführt werden, um die Auseinandersetzung zwischen Gut und Böse auszutragen. Und der Sieg wird der Sieg des Guten sein. Kein Mensch steht auf, der Guernica nur als ein historisches Dokument sieht. Wer aber Picasso begreift, wird wissen, daß das Ungeheuerliche nie aufhört, es sein denn, daß wir dagegen aufstehen. Und auf solche Weise redet die Bibel. Sie gibt uns Bilder, die Erfahrungen aus einer Zeit so verdichten, daß sie heute gültig sind und Entscheidungsmacht haben, z. B. über Krieg und Frieden, über Verzweiflung und Hoffnung, über Tod und Leben. Deshalb ist die Bibel großartig. Aber dann muß man sie mit der Art verbinden, wie heute nacht – in Träumen – Menschen sich bewußt werden, was sie am Tage erlebt haben. Ihnen soll bewußt werden, wer sie sind, indem Ihnen deutlich wird, was sie erleben und an welchen Konflikten sie leiden und wie es kommt, daß sie gerade diese Konflikte haben, und was sie tun können, um diese zu lösen.

Christentum und Weltreligionen

K. O.: Wenn man die Bibel und die Evangelien nicht als historische Reportagen ansieht, stellt sich die Frage: Ist denn das alles gar nicht wahr? Das haben Sie eben beantwortet. Ich habe jetzt noch eine weitere Frage, eigentlich eine sehr persönliche: Sie ziehen sehr oft Mythen, Bilder, Symbole aus nicht-christlichen Religionen zur Interpretation herbei. Sie haben gezeigt, wie ganz zentrale Inhalte des christlichen Glaubens – wie die Auferstehung oder die Jungfrauengeburt – in anderen Religionen auch vorkommen. Nun meine Frage: Wo gibt es spezifisch christliche Inhalte, wo unterscheidet sich die christliche Religion von anderen religiösen Traditionen? Vermitteln die Religionen letztlich nur verschiedene Aspekte *eines* Gottes, oder gibt es etwas, was die Einmaligkeit der christlichen Erlösungsbotschaft ausmacht?

E.D.: Dies ist mir in der Tat sehr wichtig. Ich glaube, wir müssen im Namen Jesu eine Sprache finden, die das, was Hoffnung und Befreiung von Angst sein kann, weltweit den Menschen vermittelt. Um konkret zu werden: Wir sprechen noch heute in einer Sprache über Gott, die zwölfhundert Jahre nach Mohammed keinem Muslim einleuchten kann. Wenn wir sagen, wer der Vater Jesu Christi ist, sprechen wir in Worten, die keinem Juden bis heute einleuchten können. Damit nehmen wir den eigenen Glauben des Juden Jesus von Nazareth seinem Volke weg, um daraus eine eigene, abseitige Kirche zu formen. Das darf so nicht bleiben. Deswegen glaube ich, daß es für den Dialog zwischen den verschiedenen Religionsformen und Kulturen für die Welt von morgen, auf die wir zugehen – im Jahr 2050 werden vielleicht schon über 10 Milliarden Menschen leben, die untereinander wirtschaftlich, geistig, verwaltungsmäßig auf hunderterlei Ebenen vernetzt sein werden und denen es dringend notwendig ist, von Gott so zu reden, daß es dichterisch genug ist, das Haus der Menschen zu berühren. Würden wir die Sprache Jesu reden, eine bildhafte, traumnahe, mythengesättigte Sprache, wie die Dogmatik eigentlich reden müßte, wenn man sie richtig versteht, dann hätten wir eine *lingua franca*, die allen zugänglich ist.

An jungfräuliche Geburten z.B. zu glauben, ist eine Erfahrung in den Träumen. Viele Frauen erzählen mir an Wendepunkten ihres Lebens, wie sie ein Kind zur Welt bringen, ohne eigentlich zu wissen, wie sie es empfangen oder wann sie es genau geboren haben. Es sind Symbole, die zeigen, wie Leben sich erneuert, ohne daß man es geplant oder gewollt hat. Es ereignet sich tief im Inneren des Menschen, und es wächst etwas Neues daraus hervor. Oder an die Auferstehung hat Jesus nicht als erster Mensch zu glauben gelehrt, er ist als Kind mit aller Wahrscheinlichkeit selber in dem Glauben der Pharisäer erzogen wurden. Die Hoffnung auf Auferstehung läßt sich über das alte Griechenland hinaus nachweisen. Religionshistorisch hat es seine Wurzel schon um 2500 v.Chr. in Ägypten gehabt: in vielerlei Ritualisierungen von Wiedergeburt, von Himmelfahrt, von Auferstehung.

Wenn Sie fragen, was ist denn das Spezifische neben diesen sozusagen gemeinmenschheitlichen Traditionen, dann liegt mir sehr daran zu sagen, Jesus hat einen wirklich neuen Schritt – für alle Zeiten nach meinem Verständnis gültig – in die Religionsgeschichte gesetzt, als er den Glauben an die Auferstehung in einer personal so dichten Weise lebte, daß sich damit alles änderte. An die Auferstehung haben die Menschen in seinen Tagen auch geglaubt. Aber Jesus hat diesen Glauben so wahr gemacht, daß ihm die Angst vor dem Tod kein Argument mehr war, die Wahrheit bis hin zu Gethsemane zu verschweigen. Er konnte sagen: Fürchtet Euch nicht vor denjenigen, die physisch – man kann hinzufügen: moralisch – die Macht haben, Euch zu vernichten. Fürchtet einzig Gott. Ihn zu respektieren, das ist der Kern von allem. Sobald

Menschen aufhören, den Tod zu fürchten, hören sie auch auf, andere Menschen zu fürchten, und von dem Moment an sind sie frei. Das hat Jesus wirklich getan. Er hat eine Individuation außerhalb der Angst vor dem Tode in einem solchen Vertrauen und in einer solchen Güte ermöglicht, daß der Himmel den Menschen nahekommt. Ich glaube – im Religionsvergleich läßt sich das zeigen –, daß das Problem der Angst, die es kostet, ein Individuum zu werden, in dieser Form von keiner anderen Religion gestellt wird; in den vorchristlichen Religionen sicher nicht, weil sie geistesgeschichtlich einem anderen Ort zugehören, aber auch danach nicht in den später entstandenen Religionen. Das Christentum geht durch ein Nadelöhr, das sich sozial eigentlich kaum noch vermitteln läßt. Es ist eine ganz und gar persönliche Entscheidung; die Ritualsprache der Kirche sagt sogar, das sei wie Sterben und Auferstehen. Daraus ist kirchlich das Sakrament der Taufe geworden. Wer das, was da gemeint ist, wirklich erlebt, begreift alles, was bis dahin Leben war, nicht als einen Kult des Todes. Und wenn Sie sich die Weltgeschichte anschauen, stimmt es auch dort.

Was wir verwalten, ist Macht und Geld, bis hin zum Sadistischen: eine Rechthaberei der

Menschenstrangulation. Das hat mit dem Reich Gottes überhaupt nichts zu tun. Aber Jesus glaubte, daß wir die tiefste Sehnsucht endlich leben und wahrmachen können. Ich glaube, daß der Unterschied zwischen den Menschen gar nicht der ist, daß einige – im Unterschied zu uns – besonders großartige Ideen hätten. Der Unterschied ist der, daß die Ideen, die wir alle in uns haben, aus lauter Angst von den meisten Menschen verschwiegen werden, während für die religiös großen Gestalten die Angst kein Argument ist. Sie gehen durch die Angst hindurch und finden so Gott. Ihr Vertrauen jenseits der Angst bringt sie Gott nahe. Und dann ziehen sie den ganzen Strom nach sich, den man dann Kirche nennt.

Wir sind alle nur auf dem Weg zur Wahrheit

H.H.: Sie werden mir zustimmen, daß wir vor allem von unserer Erziehung in der katholischen Kirche her hier unsere Schwierigkeiten haben. Wir sind gelehrt worden, daß die Wahrheit in Sätzen ausgesprochen wird. Das spielt in unserer Kirche eine große Rolle. Die Wahrheit wird in einem Satz eingefangen, in einem Satz, der in seiner Formulierung unter Umständen

1500 Jahre zurückliegt. Es sollte uns leichtfallen zu begreifen, daß die Wahrheit nicht nur in Worten, sondern auch in Bildern ausgesprochen werden kann. Jesus hat seine ganze Predigt, die Summe der Wahrheit, in einer Bildersprache verkündet. Die höchsten und tiefsten Wahrheiten hat er in Gleichnisse und Bilder eingekleidet. Zu lange haben wir geglaubt, die Wahrheit lasse sich nur in Sätzen festhalten.

K.O.: Herr Drewermann hat die Frage beantwortet, was für ihn das spezifisch Christliche ist. Gerne wüßte ich auch von Ihnen, Herr Haag, warum sind Sie Christ?

H.H.: Warum ich Christ bin? Zunächst aus dem ganz einfachen Grund, weil meine Eltern Christen waren und ich in diese katholische Kirche hineingeboren wurde. Von solchen historischen Umständen können wir nun einmal nicht absehen. So habe ich Jesus kennengelernt, und seine Gestalt und seine Botschaft haben mich von Jugend auf fasziniert. Auch wenn damit viel Mißbrauch getrieben wurde – das Gute ist immer dem Mißbrauch ausgesetzt –, so waren und blieben sie doch ein unermeßlicher Segen für die Welt. Ich meine auch, daß die katholische Kirche dank der Lehre Jesu eine besondere

Annäherung an die Wahrheit für sich beanspruchen darf, freilich niemals die absolute Wahrheit. Keine Religion und keine Instanz kann die absolute Wahrheit für sich in Anspruch nehmen. Auch die katholische Kirche besitzt die Wahrheit nur im Fragment, auch sie ist immer erst auf dem Weg zur vollen Wahrheit.

K. O.: Mit diesem Satz, daß wir alle auf dem Weg sind, nicht die einen weiter als die anderen, nicht die einen auf einem besseren Weg als die anderen, niemand im Besitz der Wahrheit und niemand in genauer Kenntnis des Ziels ist, möchte ich den offenen Dialog abschließen.

Für die Freiheit in der Kirche

Laudatio zur Verleihung des Preises der «Herbert Haag-Stiftung für Freiheit in der Kirche»

Sehr viele Menschen haben sich gefreut, daß die Herbert Haag-Stiftung für Freiheit in der Kirche ihren Anerkennungspreis in diesem Jahr Herrn Dr. Eugen Drewermann zuerkannt hat. Die Stiftung bedarf für ihre Entscheidung keinerlei Zustimmung, weder einer parteipolitischen noch einer amtskirchlichen. Sie ist völlig *frei* in ihrem Befinden, wer sich für die *Freiheit* in der Kirche mit Leidenschaft und effizient eingesetzt, wer davon nicht nur geredet, sondern dafür auch Einbußen hingenommen hat. Mit einer Ausnahme – es ging um die loyale Opposition im Bistum Chur – fanden bisher alle Preisübergaben im Rahmen des Instituts für Ökumenische Forschung an der Universität Tübingen statt. Bei zahlreichen Aufenthalten außerhalb Deutschlands und außerhalb Europas habe ich immer wieder erfahren, wie gerade aus Tübingen das freie Wort in der Kirche erwartet wird.

Es kann sich hier, lieber Herr Drewermann, nicht darum handeln, Ihr Gesamtwerk zu würdigen. Zur Debatte steht allein Ihr Einsatz für die *Freiheit in der Kirche.* Freilich hat all Ihr Wirken mit dieser Freiheit zu tun. Ich denke etwa an Ihr Hauptthema: die Angst der Menschen, in der Sie mit Recht *die* Not unserer Zeit sehen. Es wäre zu bequem, dafür insgesamt die Kirche verantwortlich zu machen. Andererseits können und wollen wir sie aus der Verantwortung nicht entlassen. Nicht ohne Grund bilden heute in der Psychiatrie die ekklesiogenen, die vom Glaubens- und Gesetzessystem der Kirche verursachten Neurosen einen eigenen Bereich. Ich denke weiter an Ihren Einsatz für die Freiheit des Gewissens gegen alle unevangelische Bevormundung. Ich denke an Ihren unermüdlichen Einspruch gegen den Mißstand, daß zahllose Gemeinden wegen des unbiblischen Pflichtzölibats keine Eucharistie feiern können. Ich denke sodann an Ihr Ringen um eine dem Menschen von heute verständliche Sprache in Theologie und Verkündigung. Treffend haben Sie jüngst geäußert, die Sprache unserer Theologie lasse sich weder ins Arabische noch ins Chinesische, ja selbst nicht in die Sprache Jesu übersetzen. Deshalb Ihre Forderung: was wir

Dogma nennen, sei für die Gläubigen unserer Zeit neu zu formulieren und zu interpretieren, ja unsere ganze Theologie sei neu zu schreiben. Welche Rolle dabei der Tiefenpsychologie zufällt, darüber haben wir hier nicht zu befinden. Eines ist sicher: die beste Methode ist jene, die am nächsten an die Wahrheit heranführt. Denn befreien kann nur die Wahrheit.

Der Freiheit in der Kirche dient der Respekt, den Sie in Wort und Schrift jenen Religionen bezeugen, die den immensen Raum außerhalb der katholischen Kirche bevölkern, vom alten Ägypten über den Islam bis zu den Kirchen der Reformation. Ich denke daran, wie Sie unsere Kirche am Reformprogramm Luthers gemessen haben. Sie gaben auch zu bedenken, daß angesichts der Weite Gottes jeder ausschließliche Anspruch auf die Wahrheit hinfällig werden muß. «Ein Gott» – so formulierten Sie es –, «der es regnen läßt über alle Menschen, ist kein Bezugspunkt für Ausgrenzungen, sondern für das verdichtete Gefühl von Zusammengehörigkeit» (Publik-Forum 14.8.1992).

Deshalb kann das messerscharfe Abgrenzen von Wahrheit und Irrtum niemals dem Geist des Evangeliums entsprechen. Das hätte auch jener leitende Bischof der evangelisch-lutherischen Kirche Deutschlands bedenken sollen, der Sie unlängst in Dresden der Leugnung der Gottessohnschaft Jesu bezichtigte und damit die katholische Inquisition noch unterstützte. Es gibt im Evangelium kaum eine Weisung, über die sich die christliche Kirche so hartnäckig hinweggesetzt hat wie das Gleichnis vom Unkraut unter dem Weizen (Mt 13,24ff.). Dem Vorschlag der Knechte, das Unkraut auszureißen, hält der Hausherr entgegen: «Laßt beides zusammen wachsen bis zur Ernte. Denn ihr könntet mit dem Unkraut auch den Weizen ausreißen.» Geboten sind Toleranz und Verständnis für Andersdenkende allein schon deshalb, weil wir Menschen nie in der Lage sind, Unkraut und Weizen, Gutes und Böses, Wahrheit und Irrtum sicher voneinander zu unterscheiden. Es kann vorkommen, daß wir etwas als böse und falsch bekämpfen und erst im nachhinein merken, daß wir das Gute, daß wir die Wahrheit bekämpft haben. Die Geschichte der Kirche und der

Theologie ist voll von Beispielen, und bis in unsere Tage erleben wir es, mit welcher Sicherheit das sogenannte kirchliche Lehramt weiß, was wahr und was falsch ist. Man läßt das Unkraut oder das vermeintliche Unkraut nicht, wie Jesus will, wachsen bis zur Ernte, man vernichtet es vor der Zeit. Sie, lieber Herr Drewermann, sind hierfür nur das letzte Beispiel in einer endlosen Kette. Dies zu bedenken hatten wir unlängst einen singulären Anlaß, als die Welt der Entdeckung Amerikas vor fünfhundert Jahren gedachte. Kolumbus wußte sich von Gott gesandt, «unseren allerheiligsten Glauben» in der Neuen Welt auszubreiten. Konkret sah dies so aus, daß von den achtzig Millionen Menschen, die um 1500 Mittel- und Südamerika und die Karibik bevölkerten, siebzig Jahre später noch zehn bis zwölf Millionen übrig waren. Die Opfer einer mißverstandenen Wahrheit waren die Menschen.

In der Tat kann es die Wahrheit nie losgelöst vom Menschen geben. Wer Ihre Bücher liest, Ihre Vorträge hört, wer vor allem Ihren Konflikt mit der Amtskirche, verkörpert durch Erzbischof Degenhardt von Paderborn, verfolgt hat, dem mußte sehr bald bewußt werden, daß es Ihnen um viel mehr geht als um die Annahme oder Ablehung, um Formulierung und Interpretation dieser oder jener Glaubenswahrheit. Freiheit heißt für Sie, sich allein an Jesus zu orientieren, der nie ein Dogma verkündete, dem es vielmehr einzig um den Menschen und sein Glück ging. Sie wissen, daß das «Wesen» Gottes, was er «in sich» ist, was er «an sich» treibt, den Menschen von heute nicht im geringsten interessiert. Darüber mögen die Theologen, die Lehrer über Gott, diskutieren und reflektieren und meditieren und argumentieren, soviel sie wollen. Die Menschen interessiert das nicht, weil es ihnen nichts hilft.

Frei sein aus Gott

Wenn Sie, Herr Drewermann, sich von der zünftigen Bibelwissenschaft abgesetzt und von ihr wenig Gegenliebe erfahren haben – ich gehöre ja selber auch zu dieser Zunft –, dann liegt das eben daran, daß es ohne direkten Bezug zum Menschen für Sie keine Schriftauslegung gibt, für die sich der wissenschaftliche Aufwand lohnen würde. Die Menschen hören Ihnen zu, wie sie Jesus zugehört haben, weil Sie ihnen in ihren Sorgen und Nöten, in ihren Zweifeln und in ihrer Verzweiflung einen Gott verkünden, der sein Herz an den Menschen hängt, der sich in den Wechselfällen des Lebens um ihn sorgt und sich mit ihm freut, der mit auf dem Weg ist und sich für ihn engagiert bis zur Selbsthingabe. Aus diesem Gottesbild beziehen Sie Ihre Freiheit und schenken den Menschen, die zu Ihnen kommen, Freiheit. In dieser Freiheit wurzelt auch Ihre notorische Güte, die die Menschen so sehr beeindruckt. Durch Ihre Schriften geht dieses Gottesbild wahrnehmbar in die kirchliche Verkündigung ein. Neulich hörte ich die Predigt eines mir befreundeten Pfarrers. Die Gedanken kamen mir bekannt vor, andererseits waren sie im Mund dieses Pfarrers etwas ungewohnt. Nach dem Gottesdienst sagte er mir: «Ich hab's natürlich bei Drewermann gelesen.»

Freilich können Sie diese Freiheit nicht schenken, ohne für sich das freie Wort in der Kirche in Anspruch zu nehmen. Wir wissen alle, wie schlimm es heute darum bestellt ist. Wir waren schon einmal weiter. Vor bald vierzig Jahren, 1953, hat Karl Rahner, damals Professor der Theologie in Innsbruck, eine kleine Schrift veröffentlicht, die den Titel trug: *«Das freie Wort in der Kirche»*. Rahner begründete damals sein Anliegen mit den bewegenden Worten: «Heute darf die Kirche weniger denn je nach innen oder nach außen den Eindruck erwecken, als sei sie einer jener totalen Staaten, bei denen die äußere Macht und ein in tödlichem Schweigen geschehender Gehorsam alles und Freiheit und Liebe nichts ist, als seien ihre Regierungsmethoden dieselben wie die der totalitären Systeme, wo die öffentliche Meinung in einem Propagandaministerium gemacht wird.» Rahner rechnete freilich auch damit, daß die freie Meinungsäußerung auf die Vertreter der Amtskirche den Eindruck einer «versteckten Rebellion» machen könnte. Er würde sich im Grab umdrehen, sähe er das heutige Kirchenklima. 25 Jahre nach dem Konzil nehmen sich seine Äußerungen von damals wie eine prophetische Rede aus.

Ohne Propheten stirbt die Kirche

In der Tat: Wer heute vom freien Wort in der Kirche spricht, kann nicht umhin, auch von den «Propheten» zu sprechen. Propheten, das sind jene, die im alten Israel gegen die Mächtigen für die Gerechtigkeit ihr Leben einsetzten; jene, auf denen nach dem Epheserbrief (2,20) zusammen mit den Aposteln die Kirche auferbaut ist; jene, die im 2. Jahrhundert in der «Lehre der Zwölf Apostel» (Didache) *vor* den Bischöfen und Diakonen genannt werden. Es sind die Propheten, zu denen sich Jesus zählt, wenn er bei Lukas (13,32f) erklärt, er müsse heute und morgen wandern und heilen, um am dritten Tag in Jerusalem vollendet zu werden, weil «es nicht angehe, daß ein Prophet außerhalb Jerusalems umkomme». Unsere Zeit hat für das Prophetische in der Kirche einen neuen Sinn bekommen. Man meint damit, daß die Kirche mehr denn je geisterfüllter Männer und Frauen bedürfe, die ohne Auftrag der Amtsträger, ja sogar im Widerspruch zu ihnen, der Verkündigung und dem Leben der Kirche neue Impulse geben. «Ihr seid auferbaut auf dem Fundament der Apostel und der Propheten» (Eph 2,20). Daß die Kirche apostolisch sei, daß sie die Lehre der Apostel verkünde und verkünden müsse, wird uns fast bis zum Überdruß gesagt. Sie kann aber nur dann die Kirche der Apostel sein, wenn sie auch die Kirche der Propheten ist.

Es kann nicht verwundern, lieber Herr Drewermann, daß in Verbindung mit Ihrem Namen in letzter Zeit immer häufiger das Wort «Prophet» fällt. Zwar wollen Sie vermutlich gar kein Prophet sein, aber eine prophetische Funktion haben Sie, und nicht ohne Grund trägt eine Ihrer letzten Schriften den Titel: «Sind Propheten dieser Kirche ein Ärgernis?» Denn eben – wenn sich unsere Kirche als das neue Jerusalem verteht, wird es dabei bleiben: in Jerusalem kommen die Propheten um. Vor wenigen Tagen hat der Papst nach 359 Jahren feierlich Galileo Galilei rehabilitiert. Die von ihm eingesetzte Kommission stellte nach 13jähriger Arbeit wörtlich fest: «Heute wissen wir, daß Galileo in seinen wesentlichen Aussagen recht hatte.» Wir hoffen, Ihre Rehabilitierung, lieber Herr Drewermann, werde keine dreihundert, sondern höchstens dreißig Jahre benötigen, und Sie haben damit die Chance, sie noch zu erleben. Bis dann aber gebe Gott Ihnen die Kraft, zu wandern und zu heilen – heute und morgen.

Herbert Haag
Tübingen, den 9. November 1992

«Gott will keine Knechte»

Antwort von Eugen Drewermann

Dies ist für mich eine Stunde der Dankbarkeit und der Freude. Damit es eine Stunde der Freiheit bleibt, möchte ich sie gerne verwandelt sehen in eine Stunde der Wahrhaftigkeit ... Im Grunde bekenne ich offen, den heutigen Preis nicht verdient zu haben. Ich bin kein mutiger Mensch, ganz im Gegenteil. Ich bin förmlich gezwungen worden von all denjenigen, die seit vielen Jahren zu mir kamen, den Weg zu begleiten, der in ihrem Leben nötig schien, und im Parteiergreifen für sie ihre Erfahrungen rückmelden zu müssen an das Lehramt, das sich weigert, so viel an Zerbrochenheit, Tragik, Ringen, Suchen und Bemühen anzuerkennen als eine christliche Möglichkeit. Da sind zerbrochene Ehen, subjektiv ohne Schuld nach 20jährigem Bemühen umeinander, und die Kirche erklärt: Was ihr getan habt, als ihr auseinandergingt, ist eine Sünde, die wir nicht vergeben können, es sei denn, ihr kehrt zurück in das Unzumutbare. Ich habe Frauen kennengelernt, die angesichts ihrer mitunter sogar kirchlich verursachten Zwangslage keinen anderen Weg vor sich sahen als das Leben, das in ihnen wuchs, für unmöglich zurückzuweisen. Es gibt im Leib von Tieren den Abgang eines Fötus im Moment von Angst und Schrecken. Es gibt ein gleiches im Erleben einer Frau. Aber ist uns eigentlich nur die Biologie zum Argument und genügt nicht die Angst, die chronisch ist, nicht überfallartig, die aber bis an den Rand der Verzweiflung geht? Im Grunde habe ich als Priester nichts anderes versucht, als Zustände von Not, Ausweglosigkeit und Verzweiflung so zu schildern, daß das Vertrauen wächst. Auch sie wären umgriffen von einer Vergebung, die wir oft genug brauchen, ehe wir handeln, weil wir buchstäblich nicht anders wissen, was wir tun sollen ...

Ich höre manchmal sagen – sogar aus dem Munde hochgestellter Bischöfe von heute –, daß es doch ein Phänomen sei, wie es gelinge, über den Weg der Angst Zugang zu gewinnen zu den Menschen. Als handele es sich da lediglich um einen Trick der Verkündigung! Darum möchte ich über die Angst sprechen und sagen: Wer sie begreift im Herzen der Menschen, öffnet unter den Füßen einen Abgrund, der sich nie mehr schließen wird. Ich höre sagen, ich lehrte Selbsterlösung. Aber wer begreift, was es bedeutet, angesichts des Grauens, das Menschen über Menschen bringen, in ihrem Herzen immer wieder und wieder als Hauptfaktor die Angst zu entdecken, wird wissen, daß ein Mensch aus diesem Kessel kein Entrinnen kennt, es sei denn im Gegenüber einer voraussetzungslosen Güte, die ihn auffängt als ihn selber. Das zu beschreiben, ist der Sinn der drei Bände *Strukturen des Bösen*. Es ist ein Hiob-ähnliches Ringen, etwas als unabdingbar nötig zu schildern, das über die Verlorenheit hinwegzutragen vermag. Nie ist die Rede von Angst als von einem momentanen Gefühl, das kommt oder vergeht wie gutes oder schlechtes Wetter. Es gilt, sie zu erkennen als ein Grundprinzip.

Sie schlagen eine Illustrierte auf und finden auf den letzten Seiten das grauenhafte Bild, wie Türken hinter einem Panzerwagen einen jungen Mann, seit drei Tagen gefoltert, an einem Stahlseil zu Tode schleifen ...

Es ist das Grauen, das uns überkommt, wenn Sie sehen, was Menschen machen, lachend, mit gutem Gewissen. Oder Sie schauen gleich noch die Spätnachrichten aus Bosnien und Herzegowina. Warum führen Menschen Krieg? Wer dies nicht versteht, versteht die Anfangsseiten der Bibel vom sogenannten Sündenfall überhaupt nicht. Diese Geschichte zu erklären, ist im Grunde die Geschichte meines Lebens. Das will und wollte ich verstehen, bruchstückhaft, facettenhaft, unter Beibringung eines halben Dutzends verschiedener Methoden, unzulänglich immer noch. Aber eine kleine Vorstellung mag davon genügen.

Die Kirche versperrt im Grund bis heute den Zugangsweg zum Verstehen der Bibel genauso wie zum Verstehen des Menschen, indem sie sich weigert, mythische Texte in ihrer Größe und Unmittelbarkeit zu lesen. Das Mythische, erklärt sie von Lehramts wegen immer noch, ist das Unhistorische. Also kann die Geschichte von Adam und Eva in Genesis 3, 1–7 nimmermehr ein reiner Mythos sein. Damit sie geschichtlich bleibt, ist aber der Widerspruch – wenn schon nicht zu Galilei, so mindestens zu Darwin und Freud – weiterhin aufrecht zu erhalten. 1955 war es immer noch, daß Teilhard de Chardin nicht publizieren durfte, einfach weil er den Parameter der Zeit in Jahrmillionen sich öffnen sah, um zu erläutern, wie Menschwerdung wurde. Ist das Abstammungsgeschehen ein langsam sich vollziehender Prozeß, kann auch der Frevel Adams und Evas nicht begriffen werden als ein einmaliger Akt, der vorzeiten, man weiß nicht wann, stattgefunden hat.

Wie aber, wenn der kleine Text von Kapitel 3, 1–7 im Buche Genesis überhaupt nichts fern Entlegenes schildert, sondern uns einen Spiegel vorhalten wollte, damit wir uns selber darinnen erkennen? Geschichten vom Anfang, lernte ich viel später, sind im biblisch-mythischen Denken keine historischen Erklärungen über einen vergangenen Ursprung. «Anfang» meint dort soviel wie «eigenes Wesen». Als Beispiel möchte ich Ihnen eine Geschichte näherbringen, auf daß Sie sich selber darin wiederfinden.

Sie schlagen in den Psalmen Israels den 51. Psalm auf, übertitelt von den hebräischen Herausgebern als ein Lied Davids, gesprochen, als er Eingang nahm bei Batseba, ehebrüchig und meuchelmörderisch. Wenn es so wäre, müßten wir denken, die Worte, die da lauten: «In Sünde hat mich meine Mutter empfangen», wären gesprochen von einem Mann, der seine Schuld gerade nicht, wie der Wortlaut es nahelegt, der eigenen Abstammung zur Last legen wollte. Ganz im Gegenteil! «In Sünde hat mich meine Mutter empfangen», das sollte übersetzt heißen: Wenn ich mein Leben jetzt betrachte und trete mir selbst gegenüber mit der Larve des Ungeheuerlichen, wird deutlich, daß das, was jetzt geschehen ist, nicht das Werk einer Augenblicksentscheidung war. Derartig gierig, verlogen, mörderisch, verbrecherisch wird ein Mensch nicht einfach im Überfall. «In Sünde hat mich meine Mutter empfangen» ist dem Wort nach ein Verschieben der Schulderklärung auf die eigene Zeugung; was der Psalm aber meint, ist genau das Gegenteil, als hätte David sagen wollen: Mein Gott, wenn Du vergeben willst, liegt mein ganzes Leben Dir vor Augen; und es erscheint wie eine einzige Vorbereitung auf das, was sich jetzt herausgestellt hat: auch als König dieselbe Machtbesessenheit, auch als Mörder dieselbe Heuchelei vor Gott, auch als ein Mensch, der über Leichen geht, war ich und bin ich immer derselbe. Es gibt keinen Anfang, und es gibt kein Ende. Das ist, meine ich – so müßten Sie lesen – eine winzige Geschichte, die erklären will, warum einzig wir Menschen außerstande sind, mit uns selber und der Welt an unserer Seite so zu leben, daß das Paradies des Glücks der von Gott geschaffenen Welt unser Herz erreichen könnte.

Wenn ich versuche, in ein paar Strichen eine Auslegung dieses Textes zu geben, werden Sie spüren, worin die wirkliche Gefahr – das kritische Potential einer solchen Perspektive, die einzig bemüht ist um Verstehen – wirklich liegt. Entsprechend der kirchlichen Dogmatik sündigen wir Menschen als erstes durch Ungehorsam. Wenn es so steht, ist die Lösung unserer Problematik eigentlich sehr einfach. Besteht alle Verworfenheit darin, nicht genügend Gehorsam zu zeigen, sollten wir als Erlösungsinstitut uns eine Kirche wünschen, die gerade autoritär-straff den Gehorsam durchzusetzen vermag. Dann wäre unterwürfigste Untertänigkeit das beste Werk, uns auch mit Gott wieder in Einklang zu bringen.

Tatsächlich ist die Bibel gerade in dieser erschütternden Erzählung des Sündenfalls von Adam und Eva ganz anders gesonnen. Nicht, als gäbe es keine Mythen, die vom Ungehorsam her die menschliche Situation zu begreifen versuchten. Im Zweistromland existierte eine Mythe, in welcher der Gott Marduk den Menschen schuf aus dem Blut eines aufrührerischen Dämons. Die Menschen, so beschrieben, sind Träger eines Lebens, das in ihren Adern rollt, im Atem der Widersetzlichkeit und der Revolution. Nur der Herrscherstiefel der Mächtigen kann den Menschen im Zaum halten und seiner Willkür Schranken bieten.

Viele Exegeten sehe ich heute noch eine der kostbarsten Perlen der biblischen Überlieferung so auslegen, wie wenn sie nichts weiter vor sich hätten als einen babylonischen Mythos. Es ist ärgerlich zu hören, wir Menschen sündigten wesentlich neben Ungehorsam durch Stolz und Hybris. Die Menschen versündigen sich gegen ein Gebot, wohl wahr. Sie möchten sein wie Gott, ganz richtig. Aber wir hätten Alfred Adlers Lehre aus den 20er Jahren dieses Jahrhunderts zu wenig gehört, wüßten wir nicht, daß Stolz keinesfalls ein originäres Triebbedürfnis ist, sondern allenfalls eine Reaktionsbildung auf Gefühle tiefer Minderwertigkeit. Ein Strauß, der, mit seinem langen Hals hin und her pendelnd, durch den Wüstensand läuft, oder ein Pfau, der sein Rad breitet und seine Schönheit zeigt, sind keine stolzen Tiere, sie sind ganz einfach, was sie sind.

Aber eine Fabel von La Fontaine mag uns erklären, was wirklich böse ist. Es trifft an einem Nachmittag ein Frosch auf einer Wiese einen Ochsen und bekommt vor ihm solche Angst, daß er beginnt, es dem großen Angreifer gleichzutun: Er pumpt sich auf bis zum Platzen. Das ist, was wir in der deutschen Etymologie zu «böse» finden (verwandt ist englisch «boast», die indogermanische Wurzel *bhou-): etwas Aufgeblasenes, Überdunsenes, das aus lauter Angst das eigene Maß verliert.

So sollten wir forschen in diesen sieben Bibelversen. Sie werden einleitend noch fragen: Aber hilft uns denn im Ernst eine biblische Geschichte, die älter ist als zweieinhalbtausend Jahre, um Sarajewo zu verstehen? Soll irgendein alttestamentlicher Text tauglich sein, die Paranoia und den Wahnsinn der Menschen zu verstehen?

Sie werden mich fragen: Hast du nicht eben selbst gesagt, der Sündenfall ist ein langer Prozeß, wenn du den Paläontologen und Biologen recht gibst? Richtig. Die Verhaltensforscher sagen uns, daß schon allein die Ungleichzeitigkeit steinzeitlicher Programme unter den Bedingungen der Moderne für Konfusionen aller Art sorge. Da genügt es, daß man als Serbe mit Serben zusammenhält, und schon hört ein Kroate auf, ein Mensch zu sein ... Da ist die Gruppenbindung an den eigenen Clan unglaublich viel näher und dichter erlebbar als die Allgemeinheit der Menschen jenseits der Grenzen des eigenen Gruppenzusammenhalts. Was geht vor sich, wenn Sie einen randalierenden Pöbel von ganz normalen Durchschnittsbürgern begleitet finden in Hoyerswerda oder Rostock, von Bürgern, die Beifall klatschen zum Zündeln an Häusern, in denen Frauen und Kinder leben? Sie sind keine Deutschen! – das scheint zu genügen. Sie kommen irgendwoher, und wir verstehen ihre Sprache nicht. Sie reden ausländisch, und sie sind Barbaren! – als wären wir noch in der griechischen Antike, bis heute im Christentum keinen Schritt weiter!

Da hat die Verhaltensforschung sehr recht zu sagen, Moral ist als erstes die Verteidigung des Gruppenegoismus; sie ist die Unterordnung unter die Befehlsgeber; sie läßt sich schwer kultivieren, weil die Decke dessen, was die Geschichte und die Humanität darüber gebreitet haben, dünner ist als der Hauch einer Eisschicht beim Tauwind. Sollten wir im Ernst denken, es sei von der Bibel her möglich, Tragödien dieser Art zu umgreifen?

Ich behaupte: ja! Weil einer der Verhaltensforscher selber, Niko Tinbergen, vor vielen Jahren meinte, daß nicht der Schritt zur Menschwerdung im Verlauf von Hunderttausenden von Jahren als biologisches Faktum reflektiert werden müsse, sondern all das auch: das beginnende Bewußtsein, der wachsende Spracherwerb habe die Menschen instand gesetzt, ihre Situation auf Erden im Terrain einer nie vergehenden

Angst zu begreifen. Was kein Tier weiß, wissen wir Menschen zu jeder Stunde. Was wir mit jedem Tier erleben, ist ein Datum des Lebens überhaupt: Eines Tages werden wir sterben müssen. Tinbergen meinte, daß nur wir Menschen hätten lernen können, daß die endgültige Lösung von Konflikten das Töten sei und die Verwendung der Todesdrohung selbst. Wenn im Brunstkampf der Hirsche die Geweihe der streitenden Männchen gegeneinanderschlagen, wird nach einer Weile der Stärkere siegen und die Chance gewinnen, seine Gene der Evolution weiterzugeben. Der Schwächere wird sich zurückziehen, chancenlos in bezug auf das umkämpfte Weibchen – aber er wird in aller Regel sein Leben davontragen.

Wir Menschen handeln so nicht! Weil wir Verstand haben, sind wir die einzigen, die wissen, daß der geschlagene Gegner aus seiner Niederlage lernen wird. Er wird seine Waffen verbessern, seine Angriffstaktik, den Zeitpunkt, den Ort. Er wird gefährlicher sein, wenn wir ihn überleben lassen. Nur wir Menschen, scheint es, hätten im Schema von Kain und Abel (Genesis 4) in Jahrhunderttausenden lernen müssen und können, daß die endgültige Lösung des Konflikts nur durch das physische Ende des

Gegners markiert werden kann. Außer den zurückgekehrten Geistern, den Schuldgefühlen, gibt es keine weitere Heimsuchung mehr. Da stoßen wir mit einem Mal auf den Faktor der Angst. Und von ihm her werden Sie alles begreifen.

Etwa die Ruhe, mit der in einer B 52 ein amerikanischer Pilot Napalm über den Ho-Chi-Minh-Pfad regnen läßt, während er Kaffee trinkt und sich nach der Landung in Bangkok die Filme belichten läßt, die das Desaster am Boden getreulich aufgezeichnet haben – Sie werden sagen: Er hat ja keine Angst, er hat ganz ruhige Nerven am Steuerknüppel! Aber derselbe Mann hätte die allergrößte Angst, als ein Feigling vom befohlenen Einsatz zurückzukehren, den Befehl zu verweigern, von seiner Freundin in Detroit verlassen zu werden. Er hat als GI seinen gottverdammten Job zu tun, dafür hat man ihn angestellt. Und das Befohlene nicht zu tun, wäre die Vernichtung seiner bürgerlichen Existenz. So einfach kann das sein. In irgendeiner Amtsstube ein bißchen die Wahrheit zu sagen, kann verbunden sein mit der Drohung der Existenzvernichtung. Das macht angst.

Wer sich heute auf meine «Theologie» bezieht, wird von dem Bischof von Köln zu hören bekommen, daß er nicht zum Priester geweiht werden wird. Wer meine Bücher ausstellt in Salzburg, wird vom Salzburger Erzbischof (auf dem Umweg über Innsbruck) hören, daß man besser Vernunft walten lasse und alle Bücher aus dem Schaufenster entferne. Wer Bücher schreibt zugunsten dessen, was ich treibe, wie mein langjähriger Freund Peter Eicher, wird zu Lehrerveranstaltungen nicht mehr eingeladen. Es kostet Überwindung, von Angst frei zu werden, dies wird uns nicht in den Schoß fallen.

Zurück zu der Sündenfall-Geschichte: Was hat das alles damit zu tun? Ganz einfach in ein paar Strichen dieses: Es wird in der Exegese viel gerätselt, was es mit der Schlange auf sich habe, die zur Frau zu reden beginnt. Nehmen Sie den Kommentar der Mythen dankbar aus dem Erbe der Religionsgeschichte aller Menschen rund um den Globus, in denen Erzählungen analog zu der biblischen Überlieferung heute noch im Schwange sind, dann stellt sich die Schlange selber dar als das Wesen, das mit seinem Riesenleib wie in der germanischen Mythologie die Mittelerde umschlingt, und wenn sie sich zusammenzieht, macht sie es ihren Bewohnern eng und ängstlich. Oder sie lauert wie ein Kaiman-Ungeheuer unter den Füßen der Erde, jederzeit bereit, die geschaffene Welt in den Chaos-Rachen zurückzuschlingen.

Im 175. Kapitel des ägyptischen Totenbuches finden Sie das erschütternde Gespräch zwischen dem Gott des Todes und des Lebens, Osiris, und dem Schöpfergott Aton, der am Ende der Tage nach dem durchlaufenen Maß von Millionen von Jahren sich zurückverwandeln wird in seinen Schlangenleib, schuppig und grün-schillernd.

Irgendwann beginnt der Mensch, sich des Abgrunds unter seinen Füßen innezuwerden. Was die Schlange im Buch Genesis sagt, ist in sich selbst schon, so unschuldig vorgebracht auch immer, der Alptraum jeder verwalteten Religion. Daß die Versucherin in das Paradies der Welt eintritt mit der Frage, was Gott gesagt hat, könnte vertrauenerweckender kaum je ersonnen werden. In manchen Kommentaren finden Sie noch immer die Schlange beschrieben als eine geheime Komplizin mit der Not des Menschen im Umkreis der Fruchtbarkeitsreligionen. Mitunter auch finden Sie sie dargestellt als eine Gehilfin Gottes. Richtig daran bleibt, daß die Schlange zu den Tieren gehört, die Gott selber gemacht hat. Alles Böse bricht aus in der Tiefe der Schöpfung selber. Kein Grund, an einen

Teufel zu glauben, geht aus dieser Stelle hervor, wie Herbert Haag vor vielen Jahrzehnten, auch in seiner beruflichen Existenz angefochten, als Bibelwissenschaftler uns klar und glauben gemacht hat. Aber was ist es dann mit der Sprache der Schlange oder mit der Angst des eigenen Herzens?

Der Jude Martin Buber übersetzt die Sprache der Versuchung listig und genau genug – in der ökumenischen Einheits-Übersetzung ist diese Chance leider vertan. «Hat Gott wirklich gesagt:» – spricht da die Schlange – «Von keinem der Bäume des Gartens dürft Ihr essen?» Das ist eine Übertreibung, ohne Zweifel, welche die gesamte Welt mit dem Schrecken des möglicherweise Verbotenen übermalt. Ein Motiv klingt da an, wie Sie es in den Mythen der antiken Griechen finden, wonach Tantalus zur Strafe für das Essen von Menschenfleisch in einen Bach unterhalb eines Apfelbaums gestellt wird; jedesmal, wenn er sich in seinem Durst herabbeugt zum fließenden Wasser, entgleitet der Strom seinen Händen, und wenn er sich hungrig zu den Früchten des Baumes ausstreckt, entzieht ein Windstoß seiner greifenden Hand die Zweige, und er, ständig genarrt vom eigenen Bedürfnis, quält sich und quält sich in alle Zeit.

Wäre es möglich, scheint die Schlange anzudeuten, daß Gott so wäre? Er schüfe eine ganze Welt voller Pracht und Schönheit nur, um sie dem Menschen vorzuenthalten? Womit da gespielt wird, ist alles andere als eine fromme Hypothese. Wollten Sie einmal unseren Kirchenglauben unter den Kanzeln und Kathedern befragen, woran die Leute wirklich glauben, käme es vermutlich dem sehr ähnlich, was eine französische Filmschauspielerin einmal so ausdrückte: «Alles, was Spaß macht, macht entweder dick, oder es ist verboten.» Mit anderen Worten: Gott wäre ein guter Mann, aber als Hauptinhalt des Religiösen begreifen wir gerade, daß er dasteht wie ein einziger Hinderungsgrund auf dem Wege zum Leben. Es ist ein Satz später, daß die Schlange sprechen wird, Gott habe gar nichts verboten, sondern nur den Menschen die Möglichkeit nehmen wollen, selber wissend zu werden um Gutes und Böses.

Was geht in einem Menschen vor sich, der Gott umschattet findet von der Zweideutigkeit der Angst? Sie finden einen Menschen vor sich wie Eva, die der Schlange antworten wird, nein, so habe Gott nicht gesprochen, er habe alles erlaubt, nur den Baum in der Mitte des Gartens auch nur zu berühren sei untersagt worden.

Alle Kommentare weisen auf die Übersteigerung in dieser Antwort hin. Aber um sie zu verstehen, müssen Sie sich in das Erleben eines Menschen hineinversetzen, der sich bemüht, Gott zu zitieren und es nicht mehr kann im bloßen Wortlaut seiner Rede, sondern der bis ins Scharfe hinein jetzt erklärt, daß eine bloße Handbewegung an den verbotenen Baum als Übertretung des von Gott selbst gesetzten Tabus schon bestraft werde mit dem Tod. Da haben Sie zum ersten Mal einen Gott, der den Menschen verfolgt mit der Drohung des Todes. Sie haben keinen Gott mehr, der begreifbar wäre darin, weswegen er sein Gebot überhaupt erlassen hätte. Sie haben gegenüber der Frau eine Welt, in deren Mittelpunkt etwas steht, auf das sich nur zuzubewegen schon höchste Gefahr bedeutet. Und Sie haben einen Menschen, der sich die Hände binden wird, das Verbotene auch nur zu tun. Wenn Sie selbst wie mit erhobenen Händen durch die Welt gehen, ständig auf der Flucht vor einer Angstmöglichkeit, die doch um so verlockender wird, als Sie sie ständig reflektieren, dann begreifen Sie, wie Menschen dahin kommen, zwei Sätze später genau das Gegenteil von dem zu tun, was sie gerade noch wollten.

Es ist der Punkt, wo Sie am meisten heute in

der Psychotherapie und der Psychoanalyse lernen können, was in Menschen vor sich geht. Wie viele Gespräche unter Menschen, geführt im Bemühen um Verständnis, scheitern nach wenigen Sätzen schon, weil der eine Angst hat vor dem anderen. Wieviel an Rede zwischen Mann und Frau – im Bemühen, eine zerbrochene Ehe, so gut es nur geht, zusammenzufügen – mißrät, weil sich der eine dem anderen zu unterlegen, zu preisgegeben fühlt. Wieviel an innerer Haltlosigkeit wird entfacht durch den Wirbel der Angst, und wir können am Ende die einfachsten Dinge nicht mehr tun! Alle Theorien, die Menschen sündigten durch Hochmut und Ungehorsam, zerschellen an dem einfachen Befund des biblischen Textes. Der Mensch wird geschildert als jemand, der verzweifelt bemüht ist, Gott in Schutz zu nehmen vor jeder Verdächtigung, und sich Wort für Wort in Erinnerung ruft, was Gott gesprochen hat. Nur, daß er es nicht kann ohne Verformung der Angst, macht die Tragödie des menschlichen Lebens wie unentrinnbar. Den nächsten Satz dann verstehen Sie von allein – daß die Schlange jetzt zum Angriff übergeht.

So hat Gott nicht gesprochen, sondern – so sagt das Buch Genesis: «Gott weiß vielmehr: Sobald ihr davon eßt, gehen euch die Augen auf;

ihr werdet wie Gott und erkennt Gut und Böse». Mit einem Mal verheißt die Schlange dem Menschen, wo sein Leben liegt und der Reichtum seiner Existenz, und sie schafft Aufklärung über Gott. Welche Regenten drohen in Wahrheit mit der Todesstrafe außer denjenigen, die selber Grund haben, ihre Untertanen auf den Tod zu fürchten? Die Menschen sollten sich nicht mehr ängstigen vor der Gottheit, sondern erkennen, wie wackelig der Thron der Tyrannen ist, die den Tod benützen, ihre Untergebenen einzuschüchtern. Nichts widersteht im Himmel und auf Erden einem Menschen, der es wagt – das ist die Verheißung –, Gut und Böse zu erkennen.

Die gröbste Exegese der Anfangskapitel des Buches Genesis lehrt bis heute in einer Fülle von Verlegenheitsauskünften: Das Wissen um Gut und Böse bedeute, bestimmen zu wollen, was Gut und Böse sei in moralischem Sinne. Davon ist mitnichten die Rede! Daß Gott es dem Menschen verwehrt habe, in moralischer Absicht Gut und Böse unterscheiden zu können, würde zwar die Theologie des deutschen Idealismus, aber keineswegs die Meinung der Bibel wiedergeben. Daß mit Gut und Böse alles Wißbare in magischer Verfügung gemeint sei, würde den

Bibeltext aus seiner Tragik in den Aberglauben zurückdrücken.

Aber wenn Sie verstehen wollen, was sich wirklich ereignet und immer wieder geschieht, lesen Sie den Text nur noch zwei Zeilen weiter. «Da gingen beiden die Augen auf, und sie erkannten, daß sie nackt waren. Sie hefteten Feigenblätter zusammen und machten sich einen Schurz.»

Das Problem des menschlichen Daseins ist niemals, daß die Menschen nicht bekämen, was sie wollten. Die List der Verführung ist, daß das, was sie erhalten, völlig anders wird, als es aussah. Was Gut und Böse heißt an dieser Stelle, ist völlig identisch mit dem, was es Genesis 2 noch bedeutete. Es ist beispielsweise nicht gut für den Menschen, allein zu sein, und das hat mit Moral gar nichts zu schaffen. Gemeint ist, es ist hundeelend für einen Menschen, wenn er niemanden findet, den er lieb hat. Es ist ein sinnlos vergeudetes und vertanes Leben, eines, das man am liebsten verzweifelt verschläft, was Adam denn alsbald auch tut. «Ungut» oder «nicht gut» hat mit Moral gar nichts zu tun, wohl aber mit einem zerstörerischen Ausfall von allem, wonach ein Mensch sich eigentlich sehnt. Und «gut», umgekehrt, ist der gesamte Inhalt dessen, was den Menschen glücklich macht.

Was geschieht eigentlich, wenn Menschen entdecken, daß sie nackt sind? Sie finden nur heraus, was sie als Geschöpfe immer schon waren, nur – so noch in Genesis 2, 25 – ohne sich zu schämen. Und jetzt wird das die wahre Dialektik des menschlichen Daseins. Solange uns Augen anschauen, wohlwollend, gütig, verstehend, wird es unser höchster Vorzug, uns so zu zeigen, wie wir sind. Bis ins Körperliche hinein lehrt uns die Liebe, auf jede Scheu und Scham zu verzichten und die Nacktheit zu erleben wie einen Rauschzustand der Seligkeit. Endlich gibt es eine schmale Pforte der Rückkehr, vorbei am Wächterengel mit dem Flammenschwert. Es gäbe einen Grund des buchstäblich «unverschämten» Glücks der Liebe. Wie weit sind wir davon entfernt. Wenn wir hören, daß Gott als erstes, wenn er in den Garten der Welt zurückkehrt, die Liebe ausspricht wie einen Fluch, da wird der Mann herrschen über die Frau, der Patriarchalismus wird die erste Strafe der Angst und der Zerbrochenheit sein. Die Liebe wird sich in ein Machtgefälle verwandeln, und was da beschrieben ist, ist die Erklärung noch jeder Gesprächsstunde in der Eheberatung bis heute. Kaum jemand wird glauben, er könne geliebt werden einfach für das, was er ist, also wird er sich Feigenblätter machen, immer schönere, titelbehängte, preisgekrönte am Ende womöglich. Er wird – vermeintlich – ganz anders dastehen, als er wirklich ist. Wann ist es erlaubt, die Wahrheit zu sagen außer an den Stellen, wo uns die Augen anschauen, die wollten, daß wir sind, und die dankbar werden, daß wir existieren? Das ist die Frage Luthers nach dem gnädigen Gott in unseren Tagen.

Wie überwinden wir diesen Bruch der Angst, nichts zu sein als Staub, amorph, nichtig, preisgegeben, formbar in den Händen scheinbar eines jeden, der will? Wie finden wir zu unserer Würde mitten im Staub und kehren zurück zur Größe des Sternenlichts, das wir doch auch sind? ...

Kann man verstehen, was Krieg ist im 20. Jahrhundert, was Brutalität ist, Gruppenegoismus, Zerstörung in all den Formen? Ich behaupte: ja, wenn Sie den Weg durch die jahwistische Urgeschichte nur immer weitergehen. Da berühren Sie den Raum des Religiösen selber.

Einer der Gründe der Verurteilung im März dieses Jahres, weswegen ich nicht länger Priester sein kann, lautet, daß ich die Opfertheologie angriffe. In der Tat, das tue ich, mit gutem Grund. Denn so begann es (Genesis 4, 1–16), daß die

Kinder Adams und Evas sich aufmachten zu opfern, um die Gunst eines zweideutig gewordenen Gottes zurückzugewinnen. Was Sie da hören, ist wider das Leben eines jeden von uns. Nie wird er glauben, daß man ihn akzeptieren könnte – einfach für sein Dasein. Aber wenn er das Beste einbringt, was er hat, wenn er sich so nützlich macht, so produktiv, so fleißig, so opferbereit, wenn er nicht einmal die Früchte seiner Hände Werk für sich konsumiert, sondern preisgibt zur Wiedergutmachung eines ehedem verübten Verbrechens, einer Tabuzerstörung – wäre es dann nicht möglich, für all das mindestens das Ansehen wieder zu gewinnen, ein Mensch sein zu dürfen und begnadet zu werden? Wer eigentlich probiert es nicht so?

Aber kaum probieren wir es so, wird jeder merken, daß schon der eigene Bruder, die eigene Schwester an unserer Seite genau denselben Weg geht, und jetzt dreht sich neuerlich am Altare Gottes die Spirale des Unheils. Wäre der andere meilenweit von mir ferngerückt, bliebe er unbedrohlich, und es wäre möglich, ihn irgendwie zu achten. Aber weil er mein Bruder ist, mir selber so ähnlich, so überaus verwandt, ausgestattet mit den gleichen Qualitäten, wird er im Terrain der Konkurrenz zum Todfeind ...

Die gesamte Botschaft des Jesus von Nazareth scheint mir darin zu bestehen, einen jeden unter einem gütigen Himmel bei der Hand zu nehmen und ihn zu lehren, wie man den Weg ins verlorene Paradies wiederfindet. Da wird uns ein Engel gesandt ohne das Schwert der Gerechtigkeit und der Strafe. Wenn Sie die Angst im Hintergrund des Ungeheuerlichen im Menschen wirklich begreifen, liegt es auf der Hand: Es ist uns Menschen keine andere Hilfe als das Verstehen begleitender Güte. Kein moralisches Veto löst die Tragödie der Condition humaine. Alle Moral, jedes Gesetz kommt zu spät, wenn die Diagnose so, wie von mir beschrieben, lautet.

Aber wenn Sie es nun wagen: Sie setzen den Fuß auf das Wasser, Sie betreten die Schlange des Nichts und hoffen, das Meer könnte Sie hinüberbringen. Da steht es zur Wahl: Entweder Sie hören den Wind und sehen den Wogenschwall, dann wird die Angst Sie herniederziehen, und es gibt keine Rettung mehr. Oder Sie schauen unverwandt in die Augen des Mannes, der vom anderen Ufer auf Sie zukommt und nichts anderes spricht als: «Komm! Geh durch die Angst und erlebe, daß es trägt.» Das ist das ganze Leben Jesu. Deswegen ist er Licht vom Lichte, weil er die Augen des Blinden öffnete, weil er es wagte, die vom Aussatz entstellten Körper von zehn Menschen zu berühren. Die Zärtlichkeit war stärker als das Getto der Warnung, einander nicht zu nahe zu kommen, um sich nicht unberührbar zu machen.

Versuchen Sie aber dies, sind Sie im Kern desselben Aufruhrs. Das verträgt keine Kirche bis heute, daß Sie sich zum Freund der Sünder und der Zöllner machen. Voraussetzungslos. Stellen Sie sich einmal vor, Sie hätten nur noch ‹hundertste Schafe›. Sie wüßten bei keinem, selbst wenn Sie ihm zehn Jahre zuhören, was er morgen vormittag tun soll, Sie wüßten es nicht. Sie könnten ihm lediglich – einfach weil Sie ihn begleiten – den Mut geben, daß das, was er überlegt, was in ihm vorgeht, ein Recht besitzt, sich zu gestalten. Und es wird lange dauern. Aber von außen her wissen Sie nicht, wie er sein kann und zu sein hat. Aber daß Sie von ihm lernen, wie Gott spricht – das jeden Tag!

Da hat im Lukasevangelium ein Mann, ein Zöllner, die Chance, aus dem Tempel nach Hause zurückzukehren als gerechtfertigt. Er hat nichts getan, kein Gelöbnis abgelegt (wie in der katholischen Beichte), sich zu bessern oder umzukehren. Seine ganze Umkehr ist, daß er sich Gott zumutet in seiner Verlorenheit. Und ein

Pharisäer ist, wer fortgeschickt wird mit lauter Richtigem, aber als nicht gerechtfertigt. Das ist die Prophetie des Mannes aus Nazareth. Je mehr Sie ihr folgen, desto mehr werden Sie in das Auge des gleichen Taifuns treten.

Jede Kirchenbürokratie lebt davon, daß sie festsetzt, was Gut und Böse ist, daß sie die Strafen verwaltet, die auf dem Übertritt ihrer Gesetze ruhen. Es steht aber als Kostbarstes gegen Ende der Bergpredigt (Matthäus 7, 1–5): «Richtet doch Ihr nicht, damit Gott Euch nicht richten muß!» – eine Formel, die der Psychoanalyse selbst entstammen könnte. Alle die Maßstäbe, die wir anlegen an die anderen, begleiten uns bis in die Nächte, sind unser eigenes Zwangs-Über-Ich als Regulativ unseres eigenen Lebens. Wir werden zu anderen nur so gütig sein können, wie wir es uns selbst gegenüber aufbringen. Wieviel Vertrauen haben wir zu unserer eigenen Nacktheit? Und dann wunderbare Worte wie die aus Matthäus 5: «Selig die Trauernden» oder aus Lukas 6 «die Weinenden».

Wenn ich irgend etwas am Neuen Testament und an der Botschaft Jesu verstanden habe, in Tausenden von Gesprächen mit Menschen, ist es die Wahrheit dieser Sätze. Wie oft habe ich da von Menschen, die fröhlich durch die Tür kamen, gehört, sie schämten sich ihrer Tränen. Sie wagten nicht, sich so zu geben. Es tue ihnen leid, daß es so über sie komme. Und es war wie ein Segen, endlich die Gefühle zuzulassen, die ihr Leben auftauen konnten. Es gibt nur ein einziges Glück. Es besteht darin, arm sein zu dürfen, Bettler sein zu dürfen, hungrig sein zu dürfen, wehrlos sein zu dürfen, und alle Verheißung liegt darauf. Der Friede wird nicht kommen von den Bestbewaffneten, sondern von den Ohnmächtigen; die Güte des Erbarmens wird nicht kommen von den Reichen, sondern von den Armen. Wer es in dieser Welt fertigbringt, sein wohldotiertes Leben bis zu Ende zu gehen, wird im Sinne Jesu das Zeug nicht haben, der Not der Hungernden standzuhalten. Es sind in unseren Tagen 50 Millionen, die jedes Jahr verhungern, mehr als im ganzen Zweiten Weltkrieg in sechs Jahren Menschen getötet wurden. Dieses Unmaß an Leid gegenüber der Kreatur! Wenn wir doch weinen könnten aus Leid und Mitleid, wir wären sehr dicht bei Jesus von Nazareth.

Aber probieren Sie dies ernsthaft, tragen Sie die unabgegoltene Not von Menschen nach Jerusalem zurück. Sagen Sie der Kirche, es geht nicht an, ein Gesetzbuch zu haben, das in zwei langen Büchern aus nichts anderem als aus Strafverordnungen besteht. Es geht nicht an, das mit Matthäus 7, 1–5 zu vereinbaren, wo steht: Richtet nicht! Sie werden erleben, daß Sie wegen Kirchenaufruhr sehr bald unter dem Vorwand christologischer Irrlehren ausgegrenzt werden, einfach weil Sie sagen, Jesus wollte Menschlichkeit ohne Grenzen. Wenn Sie sagen, es heile den Menschen einzig das Vertrauen, es sei erlaubt, wahrhaftig zu werden – und damit vereinbart sich keine Eidespraxis! –, rühren Sie an den gußeisernen Bestand der gesamten Beamtenschaft in der Kirche, gegründet auf Dutzende von Eidesleistungen auf das Lehramt. Und sagen Sie, ein Lehramt dieser Art hat Jesus nie gewollt – «keiner lasse sich Lehrer nennen, keiner Meister, keiner Vater» –, begreifen Sie, wie weit entfernt wir uns in zweitausend Jahren mit dem unfehlbaren Papsttum und dem gesamten Gelehrtentum der Theologie von der einfachen Botschaft des Mannes aus Nazareth hinwegbegeben haben?

Hans Küng hat gesagt, man kann nur protestieren, wenn man Hoffnung hat. Ich habe, was diese verfaßte Römische Kirche angeht, ehrlicherweise nicht die geringste Hoffnung. Ich kann nur mit Thomas Müntzer sagen: «Aber am Volke zweifle ich nicht.» Nur, wo das Volk heute steht, ist nicht mehr das, was verfaßte Kirche heißt. Vier Fünftel der Bundesbürger von heute, ob sie noch Kirchensteuer zahlen oder nicht, stehen de facto außerhalb der Kirche. Wo sollte man sein im Sinne Jesu als bei all diesen? Sie sind wie Schafe ohne Hirten. Wo sollte man anders sein als bei den Menschen, die mit den kirchlichen Gesetzen nicht zurechtkommen?

Das Buch *Kleriker* habe ich einer Frau gewidmet, die es mir abschrieb, an Zuckerkrankheit erblindet. Sie ist aus der Kirche einfach herausgegangen. Mit 17 hatte sie einem Kind zuliebe, das unehelich hätte geboren werden müssen, einen Mann geheiratet, der ein schwerer Alkoholiker war. Nach fünf Jahren endlich, oft genug blutig geschlagen, was ich nicht wußte – sie sagte, sie hätte sich betrunken und wäre vor den Schrank gelaufen, sie nahm und nahm ihn in Schutz –, wurde sie geschieden. Und dann heiratete sie einen Mann, der diesem Kerl sagte: Rührst du die Frau noch einmal an, schlage ich dich zusammen. Das war ihre zweite Ehe, außerhalb der Kirche. Ihr eigener Junge erfährt beim Kommunion-Unterricht: Du heißt gar nicht wie dein jetziger Vater, du heißt wie dein erster Vater. Das langte. Das langte!
Um die Frau, die blind das Buch *Kleriker* ge-

schrieben hat, ganz in der Nähe Jesu angesiedelt zu wissen, sah ich und sehe ich die Pflicht, Stein für Stein eine ganze Kirche zu ändern.

Es ist wie in der Physik beim Michelsonversuch: Ein einziges Experiment kann eine ganze schöne Galileische Theorie zum Einsturz bringen. Vielleicht glaubt die Kirche ja, daß Galilei doch unrecht hatte. Seine Gleichungen sind viel zu simpel. Alles ist viel komplizierter nach Relativitätstheorie und Quantenphysik. Es gibt nur noch Feldbeschreibungen, aber keine Dauerkonstanten. Vieles könnte man davon analog für die Moral lernen.

Eines aber möchte ich, daß Sie selber es lernen. Vielleicht gilt es zu protestieren im Sinne von Albert Camus, einfach aus dem Mut, das, was tot macht, zu bekämpfen. Es gibt nicht die geringste Hoffnung, selbst wenn ich 82 würde, dreißig Jahre noch zu verbringen hätte, den Tod zu besiegen. Dennoch sollten wir protestieren gegen alles Tödliche und zugunsten des Lebens. Der Protest ist ein Teil des Absurden. Das läßt uns hoffen auf den Menschen, niemals auf Institutionen. Ob sie reformbedürftig sind oder nicht, davon darf und kann unser Leben nicht abhängen. Gesetzt, selbst ein Papst von übermorgen würde erlauben, worum wir heute flehen: Priestertum der Frau, Ende des Zölibats, was Sie wollen. Was für ein Possenspiel dann! Sollen erwachsene Menschen, Männer von fünfzig, den Heiligen Vater um Erlaubnis fragen, ob sie die Gefühle haben dürfen, die sie haben? Und wirklich warten, ob es ihnen erlaubt wird, mit 82 vielleicht zu fühlen, was sie mit 42 schon gefühlt haben? Ist das die Lösung der Probleme?

Mir scheint, wir sollten überhaupt nicht warten, es sollte jeder das tun, was Gott in seinem Leben zu sagen hat. Die Alternative zu einer maroden Kirche ist nicht unbedingt eine andere oder bessere Kirche, aber befreite Menschen. Auf die gründe ich mein Vertrauen. Gott will keine Knechte!

Eugen Drewermann
Tübingen, den 9. November 1992

Die bei der Verleihung des «Herbert Haag-Preises» an Eugen Drewermann am 9. November in Tübingen gehaltenen Reden von Herbert Haag und Eugen Drewermann sind hier gekürzt wiedergegeben worden. Der Preisträger sprach frei und ohne Manuskript.

Der gesprochene Text wurde sprachlich und grammatikalisch nur zurückhaltend geglättet. Wo sich die «leichte Lesbarkeit» und die «Treue zum frei formulierten Gedanken und zum gesprochenen Wort» schroff gegenüberstanden, wurde eher die Treue zum Text von Eugen Drewermann gewahrt.

Biographische Notiz

Klara Obermüller

Geboren wurde sie 1940 in St. Gallen und ist in Zürich aufgewachsen, studierte deutsche und französische Literatur und promovierte an der Universität Zürich zum Dr. phil. Schon während des Studiums arbeitete sie journalistisch, zuerst bei der Zeitschrift «du», später bei der Feuilletonredaktion der «Neuen Zürcher Zeitung». Seit 1980 ist sie Redakteurin bei der «Weltwoche», zunächst als Leiterin des Ressorts «Kultur». Seit einigen Jahren arbeitet sie als Autorin mit den Schwerpunkten Literatur, Theater, Kirche, Religion und Gesellschaft. 1991 wurde Klara Obermüller im Zusammenhang mit der loyalen Opposition im Bistum Chur von der Herbert Haag-Stiftung für Freiheit in der Kirche ausgezeichnet. Im gleichen Jahr erhielt sie für ihre Verdienste um die Literatur den Paul Haupt-Preis. 1992 folgte der Journalistinnen-Preis der Gesellschaft «Minderheiten in der Schweiz».

Eugen Drewermann

Geboren wurde er 1940 im westfälischen Bergkamen, studierte Philosophie in Münster und Theologie in Paderborn. Unter seinen Lehrern sind besonders der Dogmatiker Brinktrine und der Moraltheologe Gustav Ermecke, beide äußerst konservativ, zu erwähnen. An der Göttinger Neurose-Klinik Tiefenbrunn nahm er ein psychoanalytisches Studium auf, das er jedoch nicht abschloß. Als Priester der Erzdiözese Paderborn (seit 1966) nahm er im bischöflichen Theologenkonvikt (Priesterseminar) seines Bistums verschiedene Ausbildungs- und Seelsorgeaufgaben wahr. 1976 promovierte er in Dogmatik, 1978 habilitierte er sich im gleichen Fach. Bis Anfang Oktober 1991 (als Eugen Drewermann die kirchliche Lehrerlaubnis entzogen wurde) war er Privatdozent für Religionsgeschichte und systematische Theologie an der «Theologischen Fakultät» von Paderborn. Seither hält er Vorlesungen an der Universität – Gesamthochschule Paderborn. Auch weiterhin ist er therapeutisch tätig, hinzu kommt eine breitgestreute Vortragstätigkeit.

Am 6. Juli 1990 fand ein ausführliches, etwa sechseinhalbstündiges Gespräch zwischen Eugen Drewerman und dem Paderborner Erzbischof Johannes Joachim Degenhardt statt, und zwar in Anwesenheit von zwei theologischen Beisitzern, den beiden Paderborner Theologieprofessoren Peter Eicher und Aloys Klein. Zunächst sah es so aus, als hätte dieses Gespräch einen Durchbruch für den Dialog gebracht, dann aber akzeptierte Eugen Drewermann die von Erzbischof Degenhardt vorgelegte Zusammenfassung des Gespräches nicht, weil sie komplexe Gedanken in z.T. sinnwidrigen, isolierten Einzelsätzen ohne Rücksicht auf den wirklichen Gesprächsverlauf enthielt. Weitere Vorwürfe seitens des Erzbischofs kamen hinzu, zum Beispiel betreffend Abtreibung und Eucharistie.

Am 7. Oktober 1991 entzog Erzbischof Degenhardt Eugen Drewermann die Lehrerlaubnis, und zwar unter Hinweis auf dessen abweichende Lehrmeinung zu den Themen «Offenbarung und Geschichte, Jungfrauengeburt, besonderes Priestertum, Abtreibung, Interkommunion». In der Anklageschrift vom 9. Januar 1992, mit dem der Erzbischof Degenhardt das im Kirchenrecht (Artikel 1720 Nr. 1 CIC) vorgesehene außergerichtliche Strafverfahren gegen Drewermann eröffnete, griff Degenhardt die im Schreiben vom 7. Oktober be-

beanstandeten Äußerungen wieder auf. Hinzu kamen als weitere Anklagepunkte: «Leugnung der Gottessohnschaft, Leugnung der Einsetzung der Sakramente durch Jesus Christus, Leugnung der Vollmacht der Kirche, in Fragen des Glaubens und der Sitten verbindlich zu lehren», sowie «Beleidigung gegenüber Kirche und Bischof».

Am 9. Januar 1992 entzog der Erzbischof Eugen Drewermann auch die Predigtbefugnis. Am 16. März gab Drewermann seinerseits bekannt, er werde seine priesterliche Funktion so lange ruhen lassen, wie der Erzbischof das Lehr- und Predigtverbot aufrechterhalte. Dieser Schritt wiederum hatte zur Folge, daß der Erzbischof Eugen Drewermann umgehend die Ausübung seines Priesteramtes «bis auf weiteres» untersagte. [1]

Herbert Haag

Geboren wurde er 1915 in Singen. Lizentiat der Philosophie, der Theologie und der Bibelwissenschaften, wurde promoviert in der Theologie im Jahre 1942 in Freiburg/Schweiz. Von 1942–1948 war er tätig in der Pfarrseelsorge, unterbrochen durch Studienaufenthalte in Jerusalem und im Vorderen Orient. Von 1948–1960 nahm er die Professur für Altes Testament an der Theologischen Fakultät Luzern wahr, bis 1980 war er Professor an der Kath.-Theol. Fakultät der Universität Tübingen.

Für Herbert Haag war es ein pastorales Anliegen, Brücken zu schlagen zwischen Bibel und Verkündigung und den Menschen in ihren Glaubensnöten- und zweifeln zu helfen. Stets war er bemüht, Brücken von der Botschaft der Bibel zu Menschen von heute zu bauen. Schon lange vor dem Konzil, noch in seiner ersten Luzerner Zeit, gehörte Herbert Haag dem Vorstand der katholischen Bibelbewegung in der Schweiz an. In der Tübinger Zeit war er Vorsitzender des Katholischen Bibelwerkes mit Sitz in Stuttgart. Dazu gehörte schon früh das Bedürfnis nach jüdisch-christlichen Kontakten. Hier sind auch die vielen Reisen in die Länder der Bibel zu erwähnen, die er sachkundig vorbereitet und geleitet hat. Herbert Haag war Herausgeber des Bibellexikons. Auch hier war es ihm vor allem darum zu tun, die Bibelforschung auf die Bedürfnisse der Seelsorge hin auszurichten. Herbert Haag hat sich zu allen wichtigen Themen des Altes Testaments geäußert, vor allem zu

Schöpfung, zur Gestalt des Gottesknechtes, zu Glaube und Aberglaube, um nur einiges zu nennen. Die Betonung des Gewichtes und des Eigenstandes der Schrift, die wir Christen als Altes Testament bezeichnen, lag ihm immer am Herzen. Sein Kampf gegen den Teufelsglauben entsprang einer pädagogisch-katechetischen Sorge und nicht zuletzt seinem Kampf gegen den Antisemitismus. Auch hier darf das seelsorgerliche Vorzeichen nicht übersehen werden.

Zu den Rechten und Pflichten des Wissenschaftlers im Dienste der Kirche gehört auch die Kritik an Fehlentwicklungen. Es gibt auch heute wieder einen leichtfertigen Gehorsam. Es gibt zum Glück aber auch einen von tiefer Verantwortung getragenen Widerspruch gegenüber falschen Gehorsamszumutungen. Herbert Haag hat Konflikte nicht gescheut. Er hat Mut bewiesen, als dies für einen Theologen noch gefährlicher war als heute – ohne Angst vor drohender Verketzerung.

Wie sehr Herbert Haag dieser Freiheit und der Freiheit in der Kirche überhaupt zugetan ist, beweist die «Herbert Haag-Stiftung für Freiheit in der Kirche», die auf seine Veranlassung und mit seiner materiellen Unterstützung im Jahre 1985 gegründet worden ist. Die Stiftung steht im

Dienste eines aufgeschlossenen und ökumenisch gesinnten katholischen Glaubens. Anerkennungspreise sind unter anderem verliehen worden an den Befreiungstheologen Leonardo Boff, an den südafrikanischen Kirchenmann Beyers-Naudé, an die freiheitlich gesinnte Zeitschrift «Publik-Forum», an die loyale Opposition im Bistum Chur und zuletzt an Eugen Drewermann. [2]

[1] Entnommen aus Cesare Marcheselli-Casale: Von Drewermann lernen. Die Bibel auf der Couch. Zürich 1992
Vergleiche auch Eugen Drewermann: Worum es eigentlich geht. Protokoll einer Verurteilung. München 1992[3]

[2] Entnommen aus dem Nachwort von Rudolf Zihlmann zum Band von Herbert Haag: Mein Weg mit der Kirche. Zürich 1991[2]

Wort des Heils
Wort der Heilung

SP 1622

SP 1623

SP 1624

Mit seiner Auffassung von Seelsorge, die Theologie und Psychotherapie auf beispielhafte Weise vereint, gelingt es Drewermann, die »alten Wahrheiten« über den Tag hinaus in einer neuen bildhaften und verständlichen Sprache zu vermitteln. Weil er ihre Nöte und Sorgen ernst nimmt, hat der streitbare Theologe Zugang zu den Herzen der Menschen, die spüren, daß er selbst einzulösen bereit ist, was er von der Kirche fordert.

PIPER

Das alte Testament neu interpretiert

Eugen
Drewermann

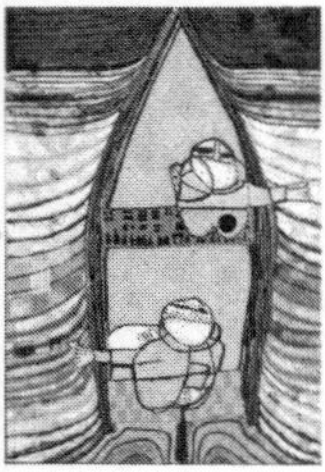

Den eigenen Weg gehen

Predigten zu den Büchern Exodus bis Richter

Piper

Eugen Drewermann interpretiert Erzählungen des Alten Testaments, angefangen bei der Geschichte von Josef und seinen Brüdern bis hin zum Buch der Richter. Er versteht sie als Geschichte unserer Seele auf der Suche nach dem eigenen Weg. Befreit von der Schlacke der Historie werden sie zu einem eindringlichen Appell, mit der Hilfe und den Verheißungen Gottes, den Mut zu haben, sich aus jeglicher Knechtschaft zu befreien und seinen eigenen Weg zu gehen.

374 Seiten. Geb.

PIPER

834 Seiten. Leinen

»Wer vieles richtig erfahren möchte, der findet hier eine großartige Lektüre. Da werden die bedeutenden Theologen Adolf von Harnack, Karl Barth, Rudolf Bultmann in ihren Grundgedanken skizziert; man erfährt etwas über Lebenszusammenhänge, politische Implikationen und die Realität des Glaubenskampfes. Wir sehen die Kämpfer vor uns. Das alles wirkt erhellend – und ungeheuer spannend.«
Süddeutsche Zeitung

Karl-Josef Kuschel
Streit um Abraham
Was Juden, Moslems und Christen trennt – und was sie eint
336 Seiten. Geb.

PIPER

Theologie bei Piper

Karl Barth
Kirchliche Dogmatik
Ausgewählt und eingeleitet von Helmut Gollwitzer.
320 Seiten. Serie Piper 692

Eugen Biser
Der Freund
Annäherungen an Jesus. 341 Seiten. Serie Piper 981

Eugen Biser
Der inwendige Lehrer
Der Weg zur Selbstfindung und Heilung. 214 Seiten. Serie Piper 1852

Eugen Biser
Paulus
Zeuge, Mystiker, Vordenker. 432 Seiten. Serie Piper 1477

Das Buch der Bücher
Altes Testament
Einführungen, Texte, Kommentare. Mit einer Einführung von Gerhard von Rad.
Herausgegeben von Hanns-Martin Lutz, Hermann Timm, Eike Christian Hirsch.
573 Seiten mit 4 Karten. Serie Piper 347

Das Buch der Bücher
Neues Testament
Einführungen, Texte, Kommentare.
Herausgegeben von Gerhard Iber in Verbindung mit Hermann Timm.
Mit einer Einführung von Günther Bornkamm. 496 Seiten. Serie Piper 348

Leonardo Boff
Kirche: Charisma und Macht
Studien zu einer streitbaren Ekklesiologie. 285 Seiten. Serie Piper 1078

Leonardo Boff
Was kommt nachher?
Das Leben nach dem Tode. 187 Seiten. Serie Piper 1208

Georg Denzler
Die verbotene Lust
2000 Jahre christliche Sexualmoral. 378 Seiten. Serie Piper 1310

PIPER

／
Theologie bei Piper

Eugen Drewermann
im Gespräch mit Felizitas von Schönborn
Sind Propheten dieser Kirche ein Ärgernis?
74 Seiten. Serie Piper 1616

Herbert Haag
Vor dem Bösen ratlos?
In Zusammenarbeit mit Katharina und Winfried Elliger.
320 Seiten. Serie Piper 951

Karl Jaspers
Die maßgebenden Menschen
Sokrates – Buddha – Konfuzius – Jesus. 210 Seiten. Serie Piper 126

Lebensberichte verheirateter Priester
Autobiographische Zeugnisse zum Konflikt zwischen Ehe und Zöllibat.
Herausgegeben von Georg Denzler. 237 Seiten. Serie Piper 964

Leidenschaft für die Armen
Die Theologie der Befreiung.
Herausgegeben von Norbert Greinacher. 411 Seiten. Serie Piper 1065

Lust an der Erkenntnis
Russisches Christentum
Ein Lesebuch. Herausgegeben und eingeleitet von
Ingeborg Fleischhauer. 358 Seiten. Serie Piper 866

Lust an der Erkenntnis
Die Theologie des 20. Jahrhunderts
Ein Lesebuch. Herausgegeben und eingeleitet von Karl-Josef Kuschel.
506 Seiten. Serie Piper 1853

Ralf-Peter Märtin
Pontius Pilatus
Römer, Ritter, Richter.
147 Seiten. Serie Piper 889

PIPER

Hans Küng

Das Christentum

Wesen und Geschichte.
Die religiöse Situation der Zeit
1056 Seiten. Leinen

Mit dieser historischen Bilanz legt Küng ein grundlegendes Werk vor, das in seiner umfassenden Darstellung des christlichen Denkweges durch die Jahrtausende und seinem Bezug zur Gegenwart eine neue Ebene der Diskussion erreicht. Wer immer sich an dieser Diskussion beteiligen will, sei es als Christ oder Atheist, als Historiker oder Philosoph – er wird an diesem Buch nicht vorbeikommen.

Das Judentum

Die religiöse Situation der Zeit
907 Seiten mit zahlreichen Graphiken. Leinen

In seiner einzigartigen Verbindung von Darstellung und Deutung wird dieses Buch für Christen und Juden gleichermaßen neue Zugänge zur Religion eröffnen.

Große christliche Denker

287 Seiten. Geb.

In diesem Buch verbinden sich Zeitgeschichte, Biographie, Werkgeschichte, Darstellung der Theologie und ihre Kritik auf eine Weise, wie das nur Hans Küng vermag.

PIPER

Walter Jens / Hans Küng

Menschenwürdig sterben

Ein Plädoyer für Selbstverantwortung
mit Beiträgen von Albin Eser und Dietrich Niethammer.
176 Seiten. Leinen

Der Mensch ist das einzige Lebewesen, das sich bewußt ist, daß es sterben muß. Doch die meisten Menschen verdrängen dieses Wissen, jedenfalls die meiste Zeit ihres Lebens. Dem setzt Hans Küng seine These entgegen: das Sterben und der Tod gehören zum Leben, sind seine letzte Phase. Zu einem menschenwürdigen Leben gehört auch ein menschenwürdiger Tod. Gerade für einen Theologen stellt sich hier aber die Frage nach dem »eigenen Tod«: Darf der Mensch bestimmen, wie und wann er stirbt – oder muß er unter allen Umständen »aushalten bis zum Schluß«?

Walter Jens weitet das Thema zunächst ins Literarische aus. Er befragt große Autoren der Weltliteratur: von Homer über den Verfasser des Matthäus-Evangeliums, bis hin zu Tolstoi und Camus – darüber, was »menschenwürdig sterben« heißt. Gibt es den Tod in Würde überhaupt? Dabei zieht er auch die Texte von Betroffenen heran, etwa von Maxie Wander oder Peter Noll.

Der Band wird abgerundet durch eine Diskussion, in der der Freiburger Völkerrechtler Albin Eser und der Tübinger Mediziner Dietrich Niethammer die juristischen und medizinischen Aspekte der Sterbehilfe darlegen.

PIPER

Frei vom Dogma?

720 Seiten mit 5 Farbtafeln. ISBN 3-530-16896-3

Wie finden wir heute, jenseits dogmatischer Kirchenlehre, zu einem unverfälschten und angstfreien Glauben zurück, der uns hilft, ein Leben in Freiheit und Wahrheit zu führen?

WALTER
Walter Benziger
Patmos